JULES DUJARDIN

RECHERCHES RÉTROSPECTIVES

sur

L'ART DE LA DISTILLATION

Historique de l'alcool,
de l'eau-de-vie, des liqueurs,
de l'alcoométrie, de l'aréométrie,
de l'alambic,
par l'image

Brouaut - Traité de l'eau-de-vie
Anatomie théorique et pratique du vin - 1646

Chez les Auteurs
DUJARDIN - SALLERON
3 Rue Payenne
Paris
—
1855 - 1900 - 1955

*Q*ue ne doit point au vin l'art dont la règle sûre,
  A l'aide d'un fourneau le divise et l'épure?
  Sur les ailes du feu l'esprit rapidement
  S'élève, et refroidi distille lentement.

Tel le flambeau du jour ou les feux de la terre,
Font monter les vapeurs au séjour du tonnerre;
Le froid pressant leurs corps par le chaud dilatés,
Les condense, et de l'air ils sont précipités.

Ainsi sur le foyer se forme l'eau-de-vie :
Par un nouveau travail si l'art la rectifie,
L'esprit de vin captif du flegme est séparé;
Libre, il prend son essor, monte et tombe épuré.

PIERRE J. DE ROSSET.

L'Agriculture, poème (1774). Imprimerie Royale.

MACQUER. - ÉLÉMENS DE CHYMIE THÉORIQUE
MDCCLVI

Jules Dujardin
1857-1947

Notice sur les Instruments de précision appliqués à l'OEnologie, éditions 1900 à 1928
Recherches rétrospectives sur l'art de la distillation 1900
Essai commercial des Vins et Vinaigres 1892
Recherches du Mouillage et du Vinage des Vins 1894
Recherches rétrospectives sur la culture de la Vigne à Paris 1902
Unification des Méthodes de dosage de l'Alcool dans les Vins 1905, etc.

PRÉFACE

En l'année 1900, Jules Dujardin collectionnant, " avec la persévérance du curieux " — ainsi qu'il l'écrivait dans sa préface — tout ce qui se rapporte au Vin, à l'Alcool, à la Distillation, à l'Alcoométrie, à l'Aréométrie, publia, à l'intention des bibliophiles [1], ses **" Recherches Rétrospectives sur l'Art de la Distilation ".**

L'Ouvrage dédié au grand savant Berthelot, membre de l'Académie des Sciences, parut à l'occasion de l'Exposition Universelle de 1900 et de la Section rétrospective des Industries agricoles des classes 36 et 61, organisée par le Ministère de l'Agriculture.

Désirant perpétuer, à la fois, ce souvenir et commémorer le Centenaire de la Création de la Maison par Jules Salleron, les fils et petit-fils de l'auteur présentent ce Recueil contenant la plupart des mêmes reproductions, par photogravure, extraites des anciens manuscrits grecs, arabes, égyptiens. etc., de la Bibliothèque Nationale, et des ouvrages qui ont été publiés, sur la Distillation, du XVe au XVIIIe siècle et jusqu'en 1850.

Ce nouveau tirage montre ainsi, **par l'image,** *l'Histoire du Vin, de l'Alcool, de la Distillation.*

DUJARDIN Lucien.
DUJARDIN René.
DUJARDIN Robert.

Le 15 octobre 1860, Jules SALLERON avise qu'il transfère son Établissement du 1 rue du Pont de Lodi au 24 rue Pavée au Marais, quartier Saint-Gervais, ci-devant Hostel du Président du Parlement de Paris G. de Lamoignon. en 1658.

(1) BIBLIOTHÈQUE NATIONALE PARIS N° 1037 8e V. 28.829 - 1900

BIBLIOGRAPHIE

TABLE ALPHABÉTIQUE DES PRINCIPAUX AUTEURS
cités dans l'édition complète de 1900

	ANNÉES
ACHILLE. — Iliade d'Homère	
ADAM EDMOND. — Brevète un nouvel appareil à distillation fractionnée	1801
AGRICOLA GEORGES. — Re metallica	1546
ALBUCASIS. — Descriptions d'appareils distillatoires	1122
ALÈGRE PIERRE. — Invente un alambic	1806, brevet 1813
ALEMBERT (D'). — Encyclopédie	édition 1782
ANDRY NICOLAS. — Traité des Aliments de Caresme	1713
ANNALES DE LA SOCIÉTÉ D'ENCOURAGEMENT A L'INDUSTRIE NATIONALE — Figurent les alambics de plusieurs inventeurs.	
APHRODISIAS. — Meteorolog. Aristot. Comment.	3e siècle
ARCHIMÈDE. — Aréomètres - Voir Hœfer Histoire de la Chymie	212 av. J.-C.
ARGAND — Conçoit l'idée du Chaufle-vin (voir abbé Rozier)	1780
ARISTOPHANE. — Comparait le vin de Thaos au nectar	450 av. J.-C.
ARISTOTE — Météorologiques	384 av. J.-C.
ARNAUD DE LYA. — Introduction à la Chymie et à la vraie Physique	1655
ARNAUD DE VILLENEUVE. — De Vinis, opera, omnia	1532
ASSIER-PÉRICA. — Créa un aréomètre	1777
AVENZOAR. — Travaux sur la distillation	1160
AVERROÈS. — Travaux sur la distillation	1150
AVICENNE. — Travaux sur la distillation	930
BACCIO ANDRÉ. — De Naturii Vinorium	1596
BACON ROGER. — Alchimiste célèbre	1214-1294
BAGLIONI. — Breveta un appareil à distillation continue	1813
BARCHUSEN JEAN-CONRAD. — Elementa Chimæ	1713
BARLET. — Vray et méthodique cours de physique résolutive appelée Chymie	1657
BARON. — Cours de Chymie de Lémery, augmenté, annoté	1756
BARTHÉLEMY. — Présente à la Société d'Encouragement un aréomètre	1806
BASSET. — Alcoométrie	1854
BAUMÉ. — Eléments de pharmacopée théorique et pratique	1768
BAUMHAUER. — Mémoire sur la densité, la dilatation	1860
BENOIT. — Théorie des pèse-liqueurs	1821
BÉRARD ISAAC. — Breveta un alambic	1805
BERGMANN. — Opuscula physica et chimica	1781
BERNARD. — Alcoométrie	1854
BERNARD DE TRÉVISE. — Vraye philosophie naturelle	1406-1490
BERTHELOT. — Introduction à l'étude de la Chymie des Anciens et Moyen-Age	1889
Histoire de la Chymie. Collection des alchimistes grecs	1889-1893
Science et morale	1897
BIBLE (Histoire de la) du sieur Royaumont	
BIRINGUCIO. — Traité de Pyrotechnie	1540
BOERHAVE HERMANN. — Eléments de chimie	1724
BOILEAU. — Histoire Générale de la Ville de Paris. Le livre des Métiers	XIIIe siècle
BORDIER MARCEL. — Essais sur l'aréomètre	1805
BORIES. — Mémoire sur la manière de déterminer les titres ou degrés des spiritueux	1772
BOURQUIN. — Annuaire.	Cognac 1844
BOYLE ROBERT. — Etudes sur la distillation, sur l'Aréométrie	1626-1691
BRILLAT-SAVARIN. — Physiologie du goût	1751-1826
BRISSON. — Dictionnaire de physique	1723-1806
BRITISH MUSEUM et CAMBRIDGE. — Manuscrits ou anatomie théorique 750 à 1258	
BROUAUT. — Traité de l'eau-de-vie et pratique du vin	1646
BRUNSWICK. — Das Buch zu distilieren	1512
BUSSAT. — Inventa des areomètres	
CARBONEL. — Modifia l'appareil d'Alègre	1808
CARDAN. — De subtilitate - De varietate rerum	1557
CARTHEUSER. — Etudes de pharmacie	1704-1777

Noé – Genèse 9-21

Gallays ex. SITIVI ET DEDISTIS MIHI BIBERE Jay eu soif, et vous m'avez donné à boire.

Parabole de Jésus-Christ

N° 618

AVTVMNVS.

Congregat, et spargit segetes Autumnus in agris.
Quæq́ ; iacit Frugem semina, et illa meti.

La Vendange au XVᵉ siècle

CALENDRIER des BERGERS 1491
Gravure sur bois

L'enseignement agricole
Gravure allégorique de Picart

Frontispice de l'ouvrage " Scriptores Rusticæ Cato, Varro, Collumella Palladius " 1735

Les Vendanges

Frontispices du Dictionnaire d'agriculture de l'abbé Rozier 1802

La Vendange

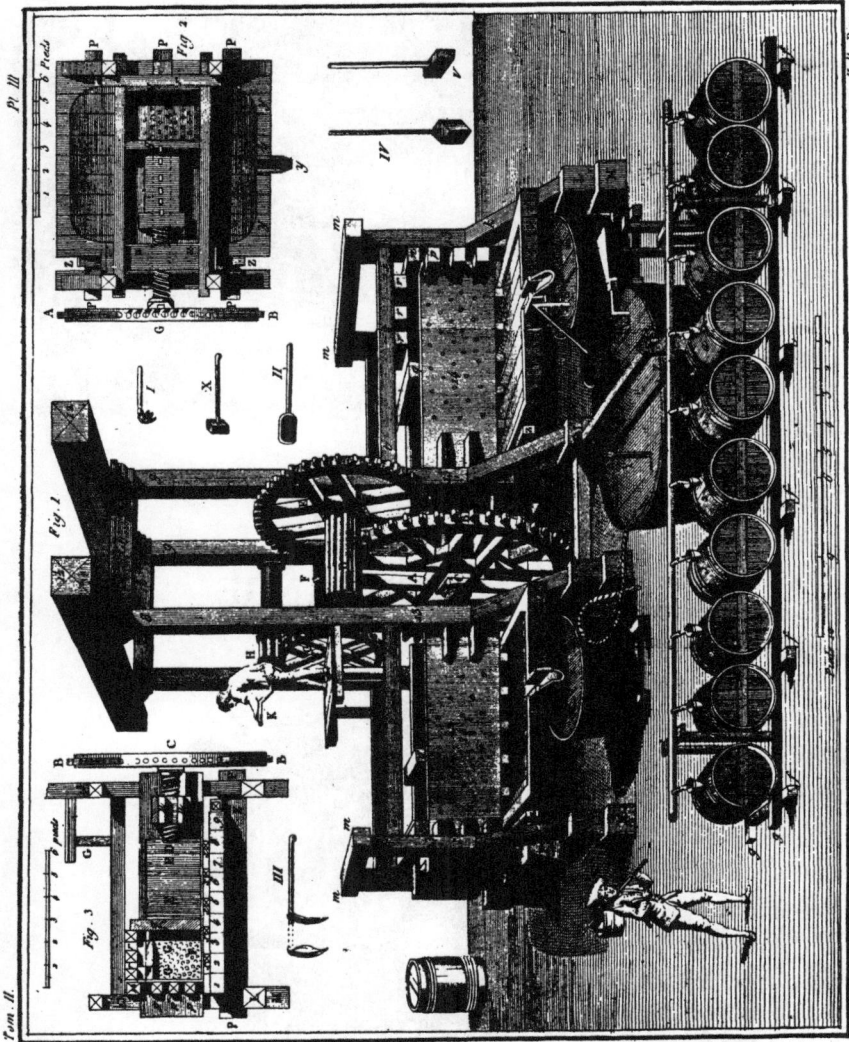

Pressoir à double coffre de Legros, curé de Marfaux

Cours complet d'agriculture de l'abbé Rozier 1789 (tome 8, page 372, planche XXVII)

OCTOBRE

LA
VENDANGE

GRAVÉ PAR ADRIEN LAVIEILLE.

IMPRIMÉ PAR J. CLAYE.

St VINCENT.

PATRON des VIGNERONS

A la Saint Vincent si le soleil brille ne l'oublies ;
Prépare grandes futailles, car la vigne te donnera force raisins (22 janvier)

LA FRANCE
Gravure allégorique
1696

La récolte des vins est, après celle des céréales, la plus importante de toutes celles que produit le sol français
CHAPTAL L'art de faire le vin 1800

LES VINIFICATIONS

VINS ROUGES, BLANCS, ROSÉS
JUS DE RAISIN NON FERMENTÉ
MOUTS CONCENTRÉS
ET SUCRE DE RAISIN
VINS MI-FERMENTÉS
VINS DOUX NATURELS
MUTÉS, MISTELLES
VINS DE LIQUEUR
VINS CUITS
VINS DE 2e CUVÉE
VINS DE DIFFUSION
PIQUETTES ET BOISSONS FAMILIALES
etc.

> Les gourmets déclarent que le bon
> vin doit satisfaire au goût par la
> saveur, à l'odorat par le bouquet,
> à la vue par la couleur nette et claire
> et à l'ouïe par la bonne renommée du
> pays où le soleil l'a fait mûrir.
>
> ÉCOLE DE SALERNE

Frontispice de " Le Cercle de Souabe " XVIIIᵉ siècle

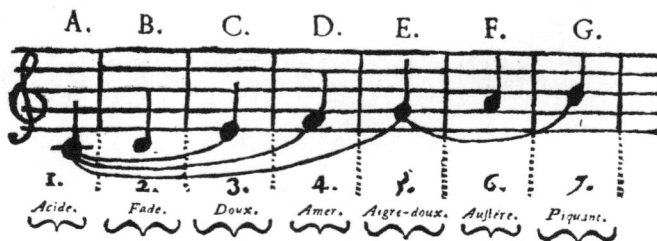

Polycarpe Poncelet 1755
La Chimie du goût et de l'odorat - Gamme savoureuse

LA DÉGUSTATION

Extrait des Poésies de M. de Coulanges
" Le Tombeau de Grégoire " XVIIIᵉ siècle

Dégustation par Terburg

Le Dégustateur de Vin par Schrodter

Habit de Cabaretier.

G. Valck. ex

Larmessia - Le Cabaretier XVII⁰ siècle

On lit sur les bouteilles : Vin du Rhin et de Coste-Rotie, de Mâcon, de Tourrene
de Champagne, de Tournus, de Malvoisie, d'Espagne. de Béarn, de Picardan,
de l'Hermitage, d'Alicante

N° 6⁰ 800

Si vous reſſentez la pepie   *Prenez contre ces accidents.*
Mal de cœur, de teſte, de dents,   *Vn double de mon eau de vie*

Boſſe in et fe.   *le Blond excud auec Priuilege du Roy*

Bosse - Le marchand d'Eau-de-Vie

Habit de Tonnellier

Le Marchand de verres XVI⁰ siècle
Extrait de Paris à travers les âges

Habit de Vinaigrie'

Extrait de " Les Habits " de Bonnard de Larmessin 1680.

**Cachet de la Généralité
d'Orléans
sous Louis XV**

Le Vinaigrier et sa brouette

LETTRES PATENTES
DU ROI,

PORTANT *défenses d'introduire dans les Vins, Cidres & autres boiſſons quelconques, la Céruſe, la Litharge, ou toutes autres préparations de Plomb ou de Cuivre.*

Données à Verſailles le 5 Février 1787
Regiſtrées en Parlement le dix-ſept Février 1787.
Et au Bailliage de Bar le 22 Mai 1787.

LOUIS, par la grace de Dieu, Roi de France & de Navarre : A tous ceux qui ces préſentes Lettres verront SALUT. Nous ſommes informé que, ſous prétexte de clarifier les vins & les cidres, ou d'en corriger l'acidité, pluſieurs particuliers y inſerent de la céruſe ou de la litharge ; que cet uſage s'eſt particuliérement introduit en la Province de Normandie dans la fabrication des cidres ; que l'on a même reconnu quelquefois, dans quelques-unes de ces boiſſons, la préſence du cuivre, ſoit qu'il y en eût été ajouté à deſſein, ſoit plutôt que ſon mêlange fût l'effet d'un ſimple accident,

maer 1699   *Eaux-de-vie*

ARREST
DE LA COUR
DE PARLEMENT

Effenau
et faire
d'autre
œuure

PORTANT DEFENSES DE FAIRE VENIR *de vie*
ny debiter d'autre Eaux-de-vie que celles faites de vin, *que*
à peine de confiscation, & de mil livres d'amende.   *de Vin*

Du 15. Mars 1699.

A PARIS,
Chez JEAN BAPTISTE COIGNARD, Imprimeur ordinaire
du Roy, ruë Saint Jacques, à la Bible d'or.

M. DC. LXXXXIX.

ARREST DE LA COVR
DE PARLEMENT, PORTANT
décharge de Cinquante-huict sols six deniers
sur chacun muid de Vin, & autres Breuuages.
à l'équipolent, entrans dans la Ville & Faux-
bourgs de Paris.

Leu & publié le quinziéme iour d'Octobre mil
six cens quarente-huict.

À PARIS,
Par les Imprimeurs & Libraires ordinaires
du Roy.

M. DC. XLVIII.
Auec Priuilege de sa Majesté.

LA DISTILLATION

PAR LES ÉGYPTIENS ET LES ALCHIMISTES GRECS

**Chrysopée de Cléopâtre - Manuscrit Saint-Marc
Berthelot - Collection des anciens alchimistes grecs**

22

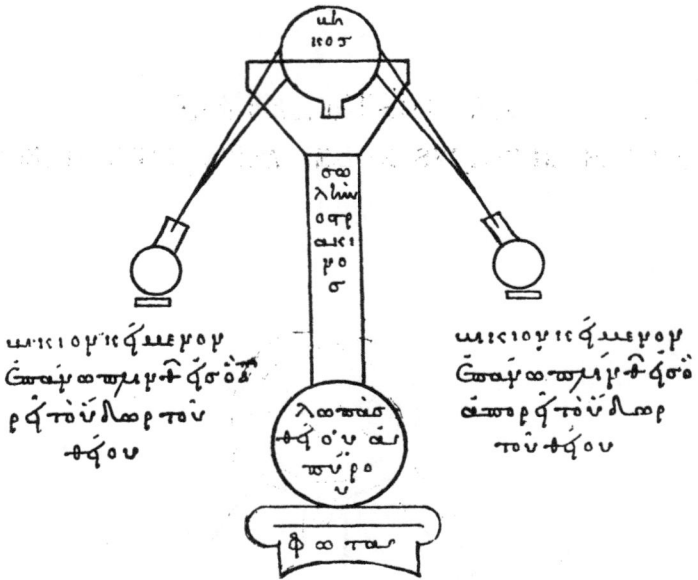

Dibicos - Alambic à 2 pointes

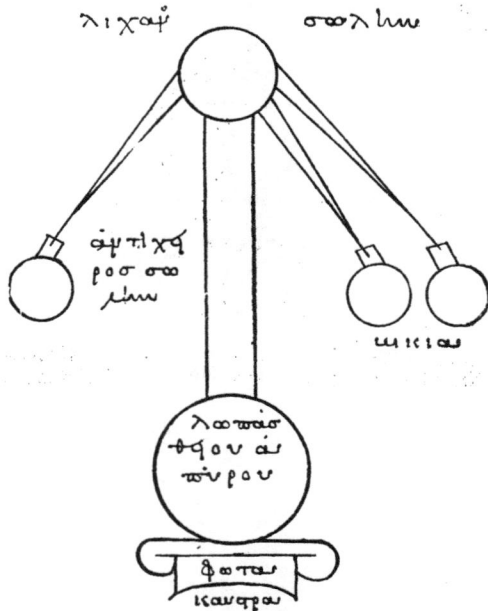

Tribicos - Alambic à 3 récipients

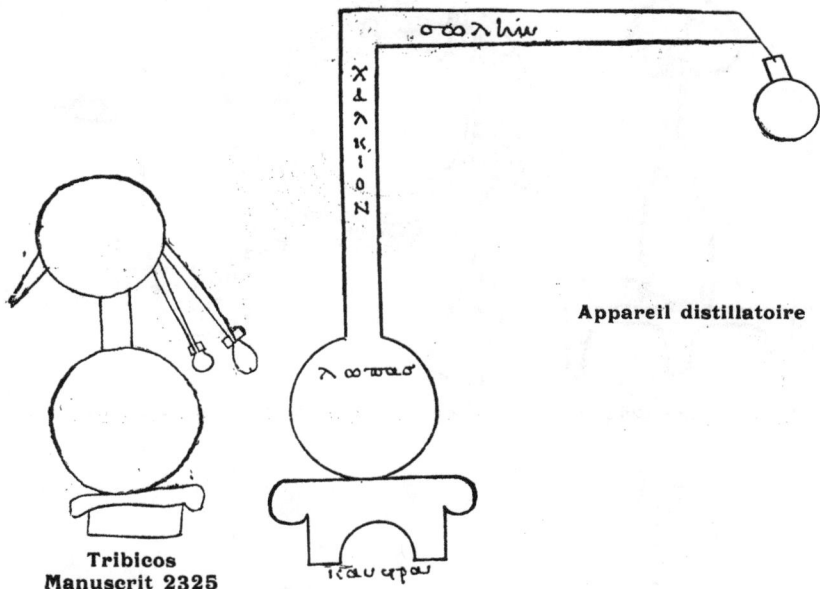

Appareil distillatoire

Tribicos
Manuscrit 2325

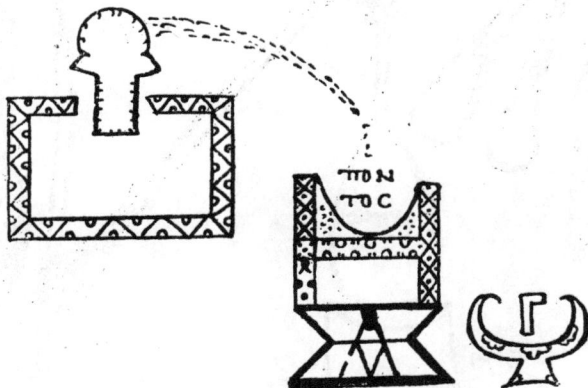

Chaudière distillatoire - Manuscrit de Saint-Marc   24

Cercle concentrique - Alambic et vase à fixation - Manuscrit 2327

Alambics et vases à digestion

25

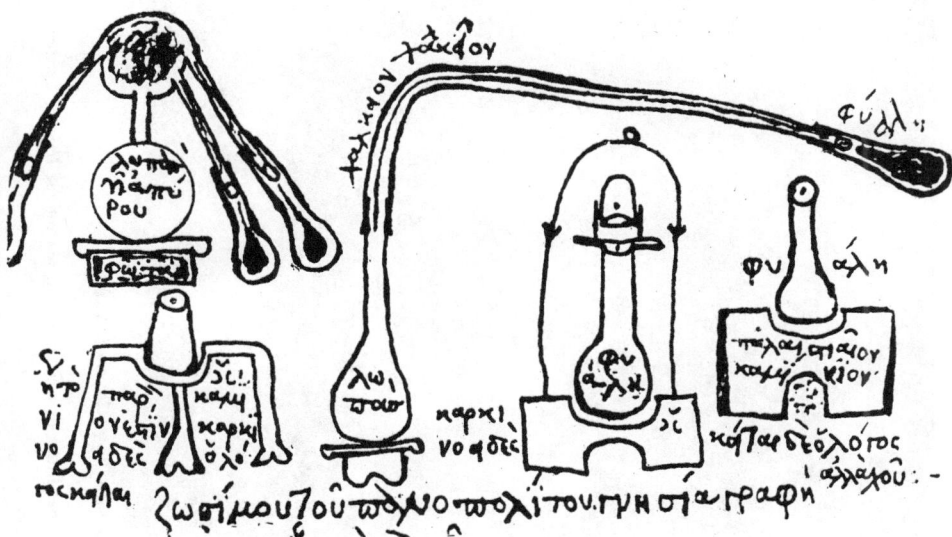

Alambics et vases à digestion   26

**Alambic
du Philosophe Synésius**

La Distillation par les Egyptiens en 1799

Extrait de la Description de l'Egypte lors de l'expédition des Français par la mission scientifique Monge, Bertholet, etc.

N 6° 780

LE CHIMISTE.

Collection Hartmann

Cette gravure a fourni le sujet du portique allégorique de la Section
rétrospective de l'alcool, à l'Exposition universelle de 1900.   35

LA DISTILLATION
CHEZ LES ARABES
ET D'APRÈS LES MANUSCRITS SYRIAQUES

Alambics arabes d'après Berthelot   30

Le mot " ALCOOL " en arabe moderne

Le mot " ALAMBIC " en arabe moderne   31

LA DISTILLATION
AU MOYEN AGE ET LES ALCHIMISTES

Vase distillatoire

Aludel

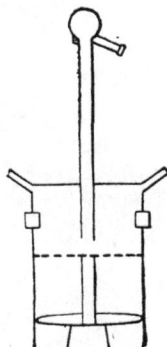

Alembich

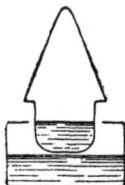

Vase à sublimer

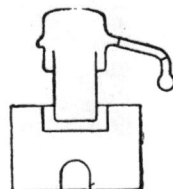

**Vase distillatoire
pour liquides**

Berthelot - La chimie au Moyen-Âge
Essais sur la Transmission de la Science Antique
Manuscrits 6514-7156 Bibliothèque Nationale

87

M*. Cl. Reydellet del.   Beyssent S.

Arnaud de Villeneuve 1250-1314 - De Vinis, opera omnia
Histoire des Philosophes anciens par Savérien 1772   41

Les PROCÉDÉS et APPAREILS
de DISTILLATION et de RECTIFICATION
EMPLOYÉS
AUX XVe, XVIe, XVIIe, XVIIIe SIÈCLES, ETC.

J. M. Moreau le Jne inv   J. le Veau sculp.

LIVRE PREMIER
La maniere de deftiller au Soleil.
Chap. 8.

ADam Lonicer en fon hiftoire naturelle en-
feigne la maniere de deftiller à la chaleur
des rayons du Soleil, laquelle encores qu'elle foit
fort peu vfitee és pays froids, toutesfois l'on s'en
fert bien fouuent à la deftillation des fleurs, & femblables matieres à fin qu'elles retiennét leur odeur
& autres qualitez : Ayes, dict Lonicer, vn miroüer
d'afsier caué, que tu expoferas directement aux
rayons du Soleil caniculaire, ou bien ardent, puis
entre les rayons du Soleil, & le miroüer mettras le
vaiffeau de voirre, où feront les matieres à deftiller, de façon que les rayós du Soleil foyent repouf-
fez & refrappez de la part du miroüer contre le
voirre, ainfi que tu vois par cefte figure.

Liébaut 1593 - La manière de distiller au soleil   49

Brunswich 1512 - La distillation au soleil

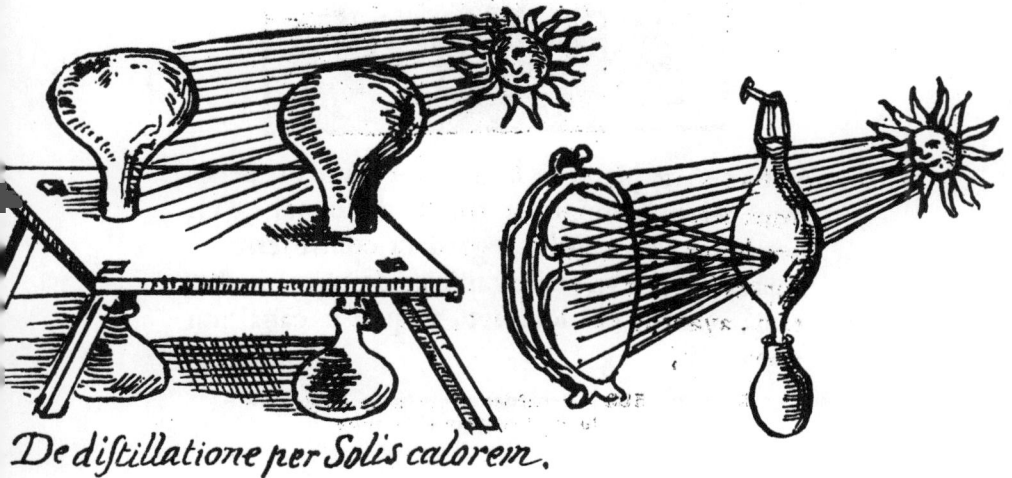

De distillatione per Solis calorem.

Porta 1608 - Traité de distillation   50

:Soit
baſtie vne Arche de bois,de la longueur de ſix aunes,& de ſi grande largeur qu'elle puiſſe contenir
commodément d'vn & d'autre coſté les corps des
courges , & qu'il ſoit ce neantmoins delaiſſé vn
eſpaſſe par où puiſſe paſſer vn canal entre les deux
rengees des courges : l'arche ſoit remplie de fien
ſec,meſlé parmy fouerre decoupé menu,aſsiſe ſur
vn banc à fin d'eſtre plus haute eſleuee : Les courges ſoyent enfoncces dedans le fien, leurs chapiteaux regardãs au dehors, à fin que leur bec puiſſe
eſtre accommodé aux vaiſſeaux receuans : Entre
elles, ſoit eſtendu vn canal d'erain ou de plomb,

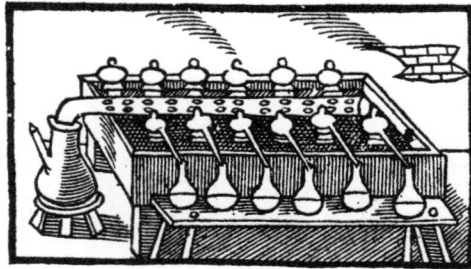

ou bien s'il te plait, de bois ayant pluſieurs petits
trous ſelon la longueur totale du canal , l'vn
des bouts ſoit courbé regardant contre terre, là
aupres ſoit mis vn autre vaiſſeau de terre ou d'e-
rain , ayant le col longuet , auquel le canal ſoit
conioinct ;

**Liébaut 1593 - Remèdes secrets de médecine
et de la Philosophie chimique**

Oɴ peut bien aufſi ſur les bors mettre quelques petites bandes d'vn pied de long par leſquelles la liqueur ſillera, & deſtillera dens le vaſe mis deſſouz. Et ſi tu veux en telle ſorte vn meſme ſuc, ou liqueur deſtiller par deux ou trois fois: tu pourras poſer en vn eſchallier le premier vaiſſeau A, dens lequel ſera la liqueur ſur le premier degré, & le ſecond ſur le ſecond, & ainſi des autres, mettât en chacun vaiſſeau vne bande de drap deſaillante B, dens le vaiſſeau ſuyuant, & ainſi conſequemment iuſque au dernier ou n'y aura point de drap ou de filtre, à fin qu'il reçoiue, & ne reſpande.

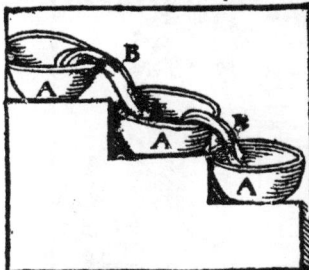

Forme de purger les eaües troubles.
CHAPITRE IIII.

Tᴠ répliras vne grande marmite A, d'eau trouble: & ayant fait vn petit feu B, deſſouz tu mettras par deſſus les bors de la marmite deux baſtons C, de boys en figure de croix en trauers, & ſur iceûx boys mettras de la laine D, bié nette, & bien lauee. Et tout ce que de la vapeur montante ſera embeu dans la laine, tu le mettras à part, et cela continueras tant que la vapeur montera. Aucuns ſont qui diſtillent l'eau trouble à la manière de l'eau roſe (1).

(1) C'est par ce procédé, dit Chaptal, que les premiers navigateurs de l'Archipel se procuraient de l'eau douce extraite de l'eau de mer.

Iceluy

LIVRE PREMIER

BAGNO   MARIA

canal bien ample troüé par dehors de toutes parts:
Sous le fond de la tine foit le fourneau, dedans lequel defcende vne partie de ce canal d'erain, en forte que l'eau foit contenuë entre la paroy exterieure, troüee du Canal & le dedans de la tine : Au dedans du canal qui defcend par le fond de la tine foit mis le feu pour efchauffer l'eau: tout à l'entour du canal, & au refte de l'efpace de la tine qui eft plein d'eau foient mis plufieurs alambics, defquels le bec forte hors & fe voife rendre au vaiffeau receuant : ainfi foit faicte la deftillation. Nous auons tiré la forme de fabriquer ce bain de Marie de la Pyrotechnie, c'eft à dire, art d'operer par le feu.

La figure du bain de Marie inuenté par Albucafis, comme Gefner coniecture. Chap. 12.

A. L

A. L E lieu du fourneau, où le feu est allumé.
B. La cheminée.

C. La marmite mise sur le feu, en laquelle l'eau bouillante est contenue.

D. Le canal par lequel l'eau bouillante coule en la tine mise
tout aupres.

E. La tine, qui reçoit l'eau eschauffee, dans laquelle est mise
la courge.

F. La courge auec son chapiteau qui contient la matiere à

G. Le canal, par lequel l'eau coule.   (destiller.

H. Le vaisseau qui reçoit l'eau destillee.

Il semble certainement, dit Gesner, que soit icy
la meilleure façon de toutes à destiller au bain de
Marie, voire beaucoup plus commode, que si le
feu estoit mis soubs les vaisseaux destillatoires.
Voyez vne autre forme semblable à ceste cy, apres
entre les huyles.

Maniere ingenieuſe de deſtiller par le ſable.
Chap. 15.

Diſpoſe la matiere que tu veux deſtiller dedãs vne courge de voirre, eſtouppe le trou de paſte : qu'elle ne puiſſe aucunement prendre l'air, puis feras ainſi que s'enſuit. Mets la courge dans vn chauderon plein d'eau & de paille ; fais la bouillir doucement iuſquès à ce qu'elle ne bouille plus à ſçauoir quaſi à la conſomption de l'eau du chauderon, puis eſloigne la du feu, & apres que la courge ſera rafreſchie; mets la derechef en vn vaiſſeau plein de ſable, dans lequel elle ſoit entouree & couuerte de ſable iuſques au col, puis expoſe la à vn Soleil ardent où elle ſoit frappee tout le iour des rayons du Soleil, & l'y laiſſe quarante iours entiers: quel temps expiré oſte la du ſable, & derechef repoſe la ſur le ſable ſeulement ſans vaiſſeau, l'eſpace de huiɫt iours, à la parfin paſſe la par vn linge de lin neuf, & l'exprime fort ſous le preſſoir, & c. Ceſte deſtillation ſe doit faire és mois de Iuillet & Aouſt.

**Liébaut 1593 - Remèdes secrets de médecine
et de la Philosophie chimique**   55

Certains inftruments à deftiller, de l'inuention de Gef-
ner, defquels chacun peut donner fon iuge-
ment.   Chap. 19.

IL faut voir, dict Gefner, fi l'on ne peut pas deftiller commodément auec tel inftrument.

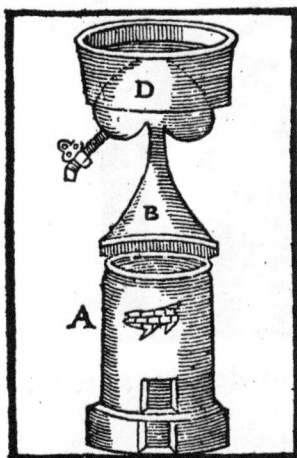

A. Vaiffeau d'erain
eftamé pour mettre fur
le feu, auquel les matie-
res foyent côtenues. Or
les herbes y pourront
eftre mifes, ou feules, ou
eftendues fur le fable.

B. Vaiffeau de terre,
lequel s'emboitte dans le
vaiffeau A. ou au con-
traire, de façon que l'vn
ou l'autre vaiffeau ait vn
bord dans lequel l'autre
foit receu.

C. Chapiteau de voirre ou de terre ou d'erain
eftamé, l'orifice duquel s'emboitte dedans l'orifice.
B. Au fommet de C. la vapeur conuertie en eau,
defcendra en fes parties interieures qui regardent
contre bas, & quand il plaira on lafchera l'eau par
la fontaine tant pour en goufter quand l'on voudra, que pour la vuider quand il y aura trop d'eau,
fi l'on n'aime mieux faire vn trou au fommet du
chapiteau, à fin que quand il plaira le vuider on la
tire toute.

D. C'eft vn furcret qui contient l'eau froide qui
feruira de rafrefchiffement au chapiteau.

LIVRE QVATRIESME
*Inſtrument pour deſtiller eau de vie de marc
ou lie de vin.*

A. Le fourneau de forme ronde ou quarree, ou il n'y à point d'intereſt.

B. Le lieu ou le trou par lequel le feu eſt mis ſouz la chaudiere.

C. La chaudiere ou vaiſſeau aſſez capable qui contient la lie.

D. Le couuercle de la chaudiere : Si ce couuercle eſtoit aucunement courbé, & que le milieu par où le canal ſort, fuſt agu, les vapeurs en monteroyent beaucoup mieux, que s'il eſtoit tout plat.

E. Le trou du couuercle, ou le canal eſt inſeré.

F. Le canal d'erain, ou tuyau qui porte les vapeurs.

Liébaut 1593 - Remèdes secrets de médecine
et de la Philosophie chimique

DES REMEDES SECRETS.   2⟨3

Iceluy doit eſtre tortillé & ſinueux, car par ce moyen à ce que l'on dict, l'eau ſemblera quaſi eſtre deſtillee par pluſieurs fois : ou parauenture, à fin que les vapeurs retenues par long temps ſoyent plus facilement eſpáiſsies. Aucuns font pluſieurs deſtours & ſinuoſités au tuyau, auant qu'il entre dans la ſeille à eau, ce que parauenture n'eſt du tout à priſer.

G. La ſeille de bois qui contient l'eau froide.

H. Le ſiege ou banc qui ſouſtient la ſeille pleine d'eau froide.

R. Le feu ou ſiege, où il faut poſer le vaiſſeau receuant.

L'on pourroit aupres de ceſte ſeille baſtir deux fourneaux (ainſi que d'aucuns ont accouſtumé de deſtiller eau ardente en noſtre pays) l'vn deſquels fuſt plus proche de la ſeille l'autre plus eſloigné. En la chaudiere plus proche l'on deſtilleroit pour la premiere fois le marc ou lie de vin, & pour la ſeconde fois en l'autre qui ſeroit plus eſloignee, à fin que l'eau fuſt rédue plus pure & ſubtile. Mais parauenture cela ſe pourroit faire à moins de peine & de frais, ſi ſe qui doit eſtre deſtillé pour la ſeconde fois, eſtoit deſtillé par vn canal plus long, d'autant que par vn plus long chemin les eſprits agités ſont attenués & ſubtiliſés d'auantage.

                                        G G

LIVRE . QVATRIESME
Vn autre instrument.

1. Le vaisseau qui contient la matiere que l'on veut destiller. J'ay cogneu vn Alchymiste en nostre pays, qui auoit vn vaisseau qui pouuoit tenir seize mesures, desquelles en deux iours tiroit trois mesures d'eau destillee apres auoir iteré par deux & trois fois la destillation.

2. Le couuercle.

3. Le canal ou tuyau lequel doit auoir en haut vn angle: Iceluy peut estre faict double, à fin que l'eau froide y puisse estre versee, & la chaude laschee hors.

4. La seille qui contient l'eau froide.

5. Le siege qui soustient la seille.

6. Le lieu pour accōmoder le vaisseau receuāt.

7. Le feu à l'entour du vaisseau qui se peut faire de toute sorte de bois.

L'on tire fort grande quantité d'eau de vie par vn tel instrument, beaucoup d'auantage que par les vulgaires: parce que le canal monte droictemēt depuis le couuercle du vaisseau, non pas obliquement comme és autres, outre ce que parauenture le canal est plus grand qu'és autres.

Autre

DES REMEDES SECRETS. 234

*Autre instrument pour destiller eau de vie, emprun-
té de l'autheur de Pyrotechnie.*

Encores que plusieurs se meslent d'excogiter
de iour en iour diuers instrumens, toutesfois celuy
cy entre tous me semble estre le plus commode &
vtile : preparés vn vaisseau d'erain estamé par dedans, duquel de la part par où le vin y est versé s'e-
stende en haut vn tuyau ou canal long, ayant plusieurs cauités : à la fin d'iceluy enuiron de quatre à
six aunes, accommodés vne petite seille d'erain ou
de bois, & faictes que du milieu de ladicte seille ou
tine, le canal sorte par dessus, qui soit sinueux &

courbé de plusieurs des-
tours en forme de serpēt :
au bout & extremité
droicte de ce canal ad-
iancés vn chapiteau de
voirre, duquel le bec s'al-
le rendre au vaisseau re-
ceuāt : mettés ce vaisseau
ainsi preparé au four, dãs
lequel verserés le vin que
voulés destiller , par le
tuyau , qui est au costé
opposite de la canelle, par
lequel aussi, apres que la
destillation sera paracheuee, vous vuiderés le marc
du vin destillé, vous emplirés d'eau froide la seille

GG 2

Inſtrument quatrieſme pour deſtiller eau de vie, tant ingenieuſement façonné, que l'eau, voire ſeulement vne fois deſtillee, ſoit rendue fort puiſſante. I'ay entendu qu'il eſt en frequent vſage à Florence.

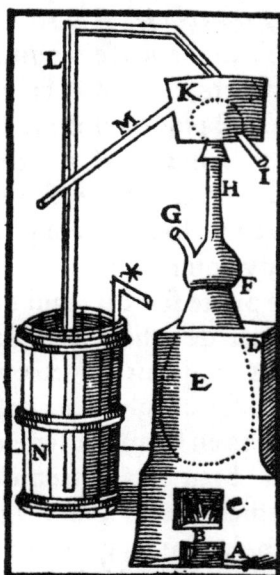

A. Le lieu des cendres.

B. La claye ou gril de fer.

C. Le feu.

D. Le fourneau long, eſtroiƈt.

E. Le vaiſſeau long qui reçoit grande quantité de vin.

F. La ioinƈture fort eſtroiƈte & ſerree.

G. Le canal par lequel l'eau eſt verſee dedans.

H. Le chemin par où les vapeurs montent.

I. Le bec du chapiteau qui eſt inſeré au vaiſſeau receuant.

K. Le vaiſſeau plein d'eau froide qui raffreſchit le chapiteau.

L. La fleute ou canal par lequel l'eau froide môte

M. Le tuyau par où l'eau eſchauffee eſt laſchee.

N. Le tonneau aſſez loñg plein d'eau froide.

* L'inſtrument qui faiƈt monter l'eau en la pouſſant, comme nous voyons en d'aucuns pays. Par ceſt inſtrument l'on peut deſtiller à bien peu de feu grande quantité d'eau.

Liébaut 1593 - Remèdes secrets de médecine et de la Philosophie chimique

DE EVONIME. 12

*Moyen comment la Quinte essence est extraicte plus
facilement, & à moindre coust en grace des
Poures. Prins en Lulle,
& Ulstad.*

CHAPITRE XXI.

EN vn grand vas B, de bois, de terre, ou de pierre, comme vne cuue, ou tonneau, Tarrace, ou Terrine, ou bien, en vne fosse faicte en terre, metz fumier A, de chual assez abondamment, & au mylieu d'iceluy fumier, soit mis vn destillatoir C, remply de la matiere que l'on voudra destiller iusques aux deux tiers du vaisseau, le reste demourant vuyde hors le fumier, à fin que la matiere puisse monter, & descendre, & par ainsi estre conuertie en tresclaire eau. Mais il faut renouueller le fumier toutes les sepmaines, vne fois pour le moins. Le mesme se peut faire en marc de grappes de raisins n'aguieres pressez en temps de vendanges, ou au temps des iours caniculaires au Soleil. La Quinte essence peut aussi estre extraicte, de vin trouble, immunde & pourry, mais qu'il ne soit aigre, car nous voyons aussi de vin corrompu, venu de bon lieu, & plant, iaçoit que trouble, & de mauuais goust il soit, estre extraicte eau de vie tres bonne.

Il est

Autre instrument pour porter sur soy, par voyes
& chemins.   Chap. 20.

CEst instrument marqué par 1. peut estre d'e-
rain estamé, à fin que tu le portes par tout où
tu voudras, à destiller les fontaines, &c. Il se pourra
aussi vuider par le trou du sommet. Se pourroit-il
aussi faire vn tel alambic, que la figure notee par 2.
le monstre, auec vn robinet ou petit bec au sommet: ou ainsi que denote la figure notee par 3. Or
c'est seulement le pourtraict d'vn alambic qui doit
estre mis sur vne phiole, comme la premiere figure declare : duquel la partie inferieure, assauoir la
phiole peut estre lutee ou enduite de cire, & ainsi
mise sur les charbons.

Liébaut 1593

Brunswich 1512 - La distillation de l'eau-de-vie 70

Biringuccio 1540 - La Pyrotechnie   67

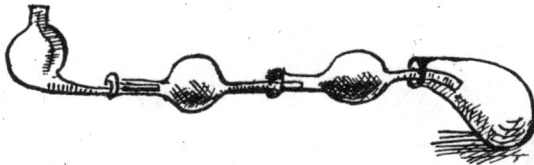

Hieronymi Rubei 1582 - De Distillatione Liber   68

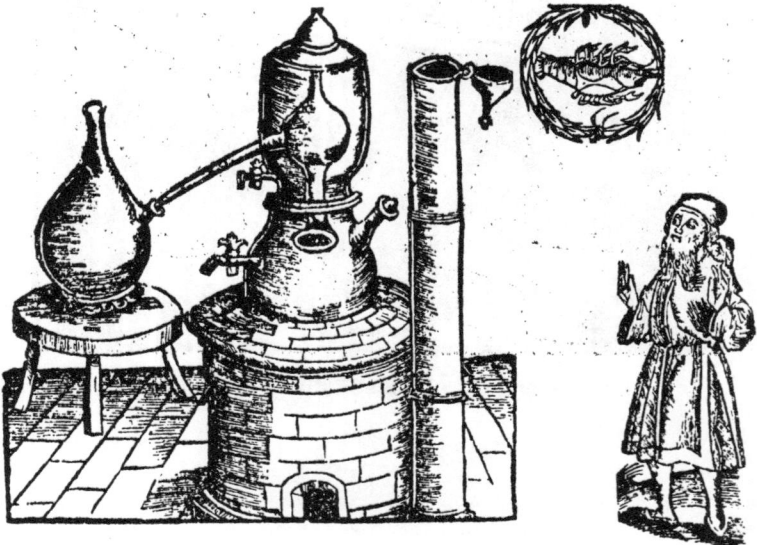

Brunswich 1512 - Appareils distillatoires   69

Brunswich 1512 – La distillation de l'eau-de-vie   71

Von Instrumenten.   xxv

Auch soltu haben gleserie helm genant Alembic mit eim faltz inwendig züentpfahen das gedistilliert durch ein langē schnabel zütragen inn das fürsatzglaß· Des figur ist also.

Du solt auch haben gleserie helm on eisten schnabel/vnd oū faltz genant Alembicum cecum/ein blinder helm damit zü digerieren· Deren figur ist also·

Auch solt du haben helm genant alēbic on ein faltz/der die spiritus treyt durch dē schnabel außzügan/so man wein oð aqua vite brennen will auff das die flegma / als das wasser nicht wol mit den spiritus auß gand· Des figur ist also.

Du solt auch haben bleyen ring kleyn vnnd groß/darauff zübinden die gleser/so du distillieren wilt im Balneo Marie/fur vmbfallen/oder in dem wasser auffzüsteigen· Des figur ist also·

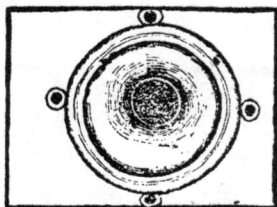

Du solt auch haben ein hültzin form/die stein zü dem ofen zümachen / als hernach stat.

Brunswich - Vases distillatoires employés en 1512   73

Zů dem vierden wie man die compoſica vnd ſimplicia zůſam
men vermiſchen ſoll/nach rechter kunſt vnd art/vff das ſie yr vollkommende würckung
vollbzingen mögen/nach dem die alten Philoſophi daruon ſchzeiben.

Brunswich 1512 - Un apothicaire 72

Von Diſtillieren.   xxiiij

nit hoch ſteiget mag. Deßgleichen zů diſti
lieren/per Filtrum/auff das darein gehen
cker werden wüllin bi-
del/vñ der ſchnabel eut
gang ein anders glaß
dariñ der bendel hang
ſich zů diſtillieren auß
dem Recort in das an-
der glaß/ das ſie berde
wol verlutiert werden
zů vermeiden das auß
riechen des gſchmacks
Des figur iſt alſo.

Darnach ſolt du ha-
ben krůg genant cucur
bit mit handthaben/da
rumb das ſie gleich den
kürbſen ſende mit den
handthaben yn vñ auß-
zůheben/ darin zů diſtil
lieren honig/ dere figur
iſt/als h.e neben ſtat.

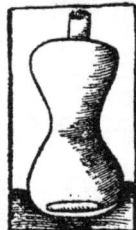

Darnach ſolt du haben
gleſer/darinn zů digerie-
ren vnd circulieren gnãt
circulatoriũ/ deren f gut
mächerley iſt/ die erſt als
ſie neben ſtat.

Darnach ſoltu habe
ander gleſer/auch ge-
nant circulatorium/
deren figur iſt wie du
ſie ſichſt.

Darnach ſoltu haben fürſatzgleſer/ ſo
man diſtillieren will Aqua fort/darein zů
entpfaßen die ſpiritus vnd gerſt bald nach
dem mundtloch ſich weittern/auff das ſich
die ſpiritus bald von einander thůn/ gnãt
Receptackel/in Teütſcher zungen fürſetz-
gleſer/darumb das darin entpfange wirt
das gediſtilliert/des figur alſo iſt.

Darnach ſolt du haben fürſatzgleſer/
die oben gantz vnd in der mitte ein ror haben dardurch das gediſtilliert zůentpfaße
rff dz die ſpiritus
die ſich auff ſubli
mieren nit verzo-
chen werden/auch
genant Recepta-
ckel/darumb das
ſie fürgeſetzt wer-
den/dere figur al-
ſo iſt als hieneben
ſtat.

Darnach ſoltu haben krumme gleſer/
genant Retort/ darein zů diſtillieren was

Das erſt bůch.

Darnach ſoltu haben andere gleſer zů digerieren vnd circulieren genant circulatorium/der figur alſo iſt·

lieren deren zwey in einand geen/ alſo was von eim auff/in das ander abgeen iſt.

Auff ein andere maß gleſer die man haben ſoll/darinn man digerieren mag/deré figur iſt alſo·

Darnach ſolt du haben gleſene trechter mit langen röten/etlich groß etlich klern/ Aqua fort damit in die gleſer zerbůn/ vnd öl vom waſſer zůſcherden/ deren figur iſt/ als hienach ſtat·

Darnach ſolt du haben gleſer zů circulieren vnd digerieren /genant pellican/vnd ſand die beſten vnder yn allen/ deren form iſt /als hienach ſtat.

Darnach ſolt du haben viol gleſer dar inn ölei von waſſer zůſcherden/ſo ſie vmb gekert mit dem finger das loch verſtopflet außgelaſſen das waſſer ſo der finger dannen gthon wirt als lang biß das öl kumpt dan das glaß wider vmbgekert. Deren figur iſt alſo·

Darnach ſolt du haben gleſer zů circu

DE EVONIME.

Le corps, ou le corpulent vaiſſeau, aucuns appellent celuy
vaſe ou coucourbe à large
fond, dens lequel on met la
matiere à deſtiller, ‖ Syluius.‖

Car ce vaiſſeau comparé au
chapitel, ou alébic, ha quelque
ſemblance du corps.

Le meſme vaſe en Arabic langage, par Bulcaſis
eſt nommé Beten, ou Batan : qu'eſt à dire ventre,
Il ſemble auſsi en ce meſme auteur ou il deſcrit la
deſtillatió duvinaigre que ce mot‖A thanor‖ſigni-
fie le ventre ou la coucourbe du deſtillatoir.

Geber au liure des Fourneaux deſcrit le four fi-
xatoire (c'eſt à dire ou on fixe & arreſte les me-
taux) & le nomme ‖ Athanor. ‖ Aucuns barbares
appellent la coucourbe, Boccie.

Vaiſſeaux plus grands de meſme figure, & façon
ſont bons pour digerer, & putrifier, puis quand ce
vient à deſtiller, la matiere digeree ſe doit diſtri-
buer en quelque nombre de moindres Cucur-
bitules.

Alembic s'entend pour le corps, & le chef, ou
chapitel, c'eſt à dire pour tout le deſſouz, &
deſſus enſemble du vaiſſeau deſtillatoir, mais toutesfois plus proprement pour le deſſus.

Car le chef (comme i'ay dit) ou le chapitel eſt
la partie du deſtillatoir, ou le vaiſſeau mis & ap-
poſé par le deſſus, ainſi nommé chef, ou chapitel
pource qu'il repreſente quelque ecrtaine forme,
& figure de chef ou de teſte, au regard du deſſouz

e 4   qui

Georges Agricola 1546 - Re metallica   76

LE TRESOR

72

qui eſt plus grand large &
long, reſſemblât le corps d'iceluy chef. Ce meſme chapitel, les
modernes l'appellent cloche
ou campane, pource qu'il en
ha la forme, ou chapelle: pource qu'il eſt façonné en pinacle
de chapelle. Aucuns le nom-
ment la Mete, c'eſt à dire la derniere bourne, ou
par vapeur expiree la liqueur s'amaſſe goute à goute. Autres l'appellent le chapeau, & noz Allemans
le nomment ॥ein helm॥ c'eſt vn heaume.

La trompe le cornet ou long
tuyau courbé, qui procede de
l'alembic, & ſe courbe en bas,
s'appelle le nez, le bec, ou ſim-
plement le canal, ou l'eſche-
neau, pource que par la cauité
d'iceluy, les Gouttes de la Vapeur amaſſees en l'Alembic,
leſquelles toutes ſaſſemblent au lembeau, & à
l'extreme bort, c'eſt au reply dedans l'alembic de-
coullantes, deſtillent au vaiſſeau qui eſt mis deſſouz, que vulgairemét ilz nomment le receptoire,
la matule: ou le piſſoir.

Le nez ou le bec ſont ainſi appellez par figure
ſemblable, pource que ceſte partie en l'alembic ſe
pouriette, & auance comme le bec es oyſeaux, & le
nez ou mtſeau, es hommes, & beſtes.

Le vaſe receptoire faut qu'il ſoit fort ample,
quand on extrait eau des minéraux, comme du vitriol,

DE EVONIME. 73

triol, ou il faut grand feu, & long temps. Car autre-
ment à caufe de la grande abondance des vapeurs
amaffees es vaiffeaux, dangier feroit qu'il ne fe rom
piffent, & caffaffent. Et croit on aufsi que es am-
ples & longs alembicz fe deftillent les eaux, & les
huyles plus excellents que es petits, & eftroitz.

Alembic aueugle eft
appellé, celuy qui n'ha
nez, bec, ne lébeau, & eft
idoine à la preparation,
rectification, & circu-
lation.

'Il en eft aufsi vne autre
forte auec l'embeau (c'eft
le canal replié au bort par
le dedans, & tout à l'en-
tour, ou les gouttes de la vapeur deuallantes au
long du chapitel font arreftees) duquel nous vfons
quand nous voulons aftraire le phlegme d'aucunes
eaües ou huyles au Soleil, ou en autre lieu chaut:
comme cy apres fera dit en l'huyle du vitriol.

Les chapiteaux qui font ap-
pofez aux corps, non droitz
mais enclinez ou comme gi-
fans, n'ont point de l'embeau:
& font prefque femblables aux
pintes de terre. ¶ Syluius. ¶

e 5   l'ay

Pay veu auſsi deux chapiteaux l'vn ſur l'autre tellement faitz, q̃ par celuy de deſſouz pertuiſé, vne portion de la matrice eſtoit eſleuee à celuy de deſſus, lequel eſtoit ioint à celuy de deſſouz à petites vis ou clauetes, à fin qu'il ne faillist oſter le deſſouz luté quand ce venoit à mettre freſche matiere dens le vaiſſeau corpulent. ‖ Luy meſme. ‖

Aucunesfois la forme du chapitel eſt eſleuee en longue pointe comme vne pyramide. Aucunesfois au plus haut elle s'eſlargit, à fin qu'elle côçoiue plus de vapeur, & rende plus d'eau: maiſen ceſte ſorte elle retôbe preſque touſiours du faiſt du Chapitel dés la profondeur du corps.‖Syluius.‖

Aucuns prennêt ce mot ſublimer pour ſimplemét deſtiller: autres eſpecialemét pour eſleuer en l'alêbic, par force du feu la matiere que l'on veut fixer, & arreſter, comme on ſublime pluſieurs metalliques:

Evonime Philiâtre - Le Trésor des Secrets 1557
Les Vases distillatoires   82

DE EVONIME.

D'aucuns font qui les petits ventres de verre ou terre plombee appliquent de l'vn à l'autre, lefquelz ilz appellent cornemufes, & defquelz l'vn luté eft pofé fur le feu, contenant la matiere que l'on veut deftiller, l'autre eft efloigné du feu, receuant dens loy l'humeur prinfe & concreüe dens les deux colz mis l'vn dens l'autre. ‖ Syluius. ‖

Telz inftrumens vulgairement font appellez retortes, & les François les nomment Cornues.

Or la Cornemufe eft vn inftrument mufical, que les Allemans appellent vulgairement Flufte à fac, à la femblance duquel inftrument eft faite la retorte, vaiffeau propre à deftiller les chofes qui ne peuuent monter plus haut. Le vaiffeau receuant, le plus fouuent eft vne fiole de verre à col long en la gueule duquel le nez de l'alembic eft mis dedans, & aucunesfois le ventre d'icelle phiole eft pofé dens vn pot de cuyure, ou autre vaiffeau creux à fin qu'il demeure plus ferme en fon lieu, ou bien le pofe on en vne forte ou en autre, felon la meilleure commodité de la chofe.

Circulat

Evonime Philiâtre - Le Trésor des Secrets 1557
Les Vases distillatoires 83

LE TRESOR

Circulatoires font appellez vaiſſeaux eſquelz
de foys à autre la vapeur monte, & puis conuertie
en liqueur, deſcend, comme cy apres nous dirons
en la mention de la putrifation.

 Mais de tous ceux la le
plus excellent, eſt celuy
qui par l'auteur eſt nómé
vaſe de Herme, & de ſa
forme & figure (comme
ie conieĉture) eſt appellé
Pelecan, ou Pellican. Car
comme les peintres re-
preſentent vn Pellican
plantant ſon bec dens ſon
eſtoma:ainſi ce vaiſſeau d'vn chacun coſté ha deux
tuyaux ou fouſpiraux courbez en maniere de deux
anſes, qui commençans à ſortir du chef, c'eſt de la
partie ſuperieure, deſcendent en forme de demy
cercle, & ſe retournent planter quaſi au milieu du
ventre. Laquelle forme de vaiſſeau, combien que
à grande difficulté & cher prix on la puiſſe auoir
des verriers : ſi eſt elle de toutes la meilleure pour la
circulation. Toutesfois ſi on ne la peut auoir, on
peut vſer d'vne coucourbe de verre, ou terre plombee, auec vn alembic aueugle ſans cornet ne lembeau, ou d'vn vaſe de verre entier qui ſoit plus
eſtroit au milieu, & qui des le commencement du
ventre ayt vn petit canal eminent, par lequel la liqueur peut eſtre dedans infuſe, ou hors eſpandue.

Evonime Philiâtre - Le Trésor des Secrets 1557
Les Vases distillatoires   84

**Evonime Philiâtre 1557 - Le dioptre ou éclypse
pour surveiller la distillation sans se brûler la face**

85

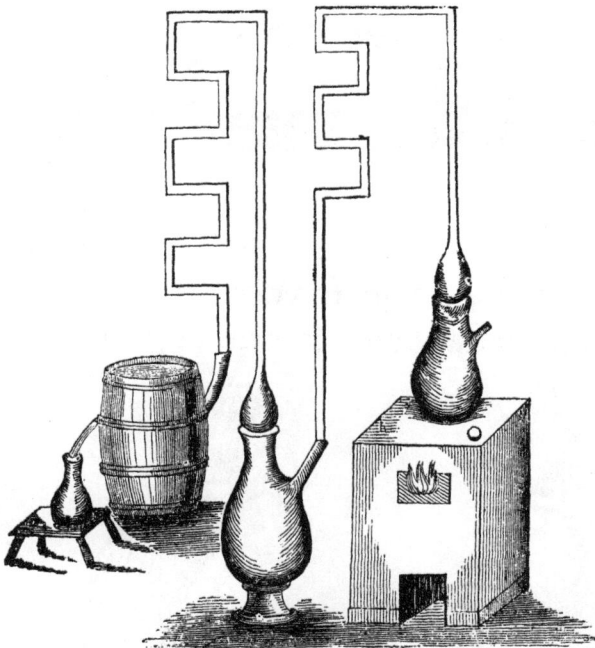

Libavius 1580 - Traité d'Alchimie   86

38   L I B E R

minimé vaporofa,flatulentaq; ad eorum diftillationem crgana ampla,eademq; humilia requiruntur . Animal elt teftudo fatis terreftre ficcum rigido tegmine inte-ctum·ex terreftri , qua conftat parte , amplo corpore⸗, femper prona,inclinatóq; capite incedit, domifera,tar-

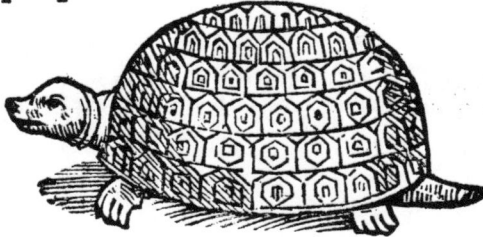

digrada,vnde fim plicia terreftria⸗ , vt fales,vitrioli,& alia mineralia⸗ , quæ non afcen-dunt , his teftudi-nibus vtimur, vul gus leuto vocat, quia in teftudinis animalis modum efformata funt vel mufici inftru-menti teftudo , vel leuto vocati.

Hęc vafa tefta veluti accubantia, vt etiam teftudo animal incedit , in forna culis ac-commo datur, vt vi ignis prole-

ctur liquor,in fubiectam illico ampullam fluat .

                            Sunt

Porta - De Distillatione 1608 - L'origine des vases distillatoires · La tortue et l'ours

P R I M V S.   39

Sunt quoque, & simplicia humidarum partium, cras
sarumq́; sed parum halituosa, vt animal Vrsum imiten.
tur, crassum, terrestre, viscosum, stolidum, informe,
formatum, vt totum corpus, & caput appareant sine
collo, corpore amplo, carnoso, breui. Vas ad eius simi-
litudinem efformant, vulgus vrsale, vel vrinale vocat, in
quo simplicia minimè spirituosa, vel difficilis ascensus,
vt viscositatem, erassitiemq́; eorum exuant, & breui, &
amplo tractu deferantur.

Sed si simplicium partes spirituosę essentiæ crassa-
mentis, & terrenis fęcibus immersæ, vt tenuiores, &
puriores euadant, & crassis illis, & impuris exonerentur, & in fęcibus relinquant, velut medicis vsibus ine-
ptæ, oportet multiplicatis viribus, in se ipsas resoluan-
tur, & reducantur, vt assiduo motu circumgiratæ nobi-
liorem vim, & magis egregiam sortiantur. Vas exco-
gitatum est, quod Pelicanum vocant, quod ad auis Pe-
licani figuram adumbratú est, in quo simplicium par-

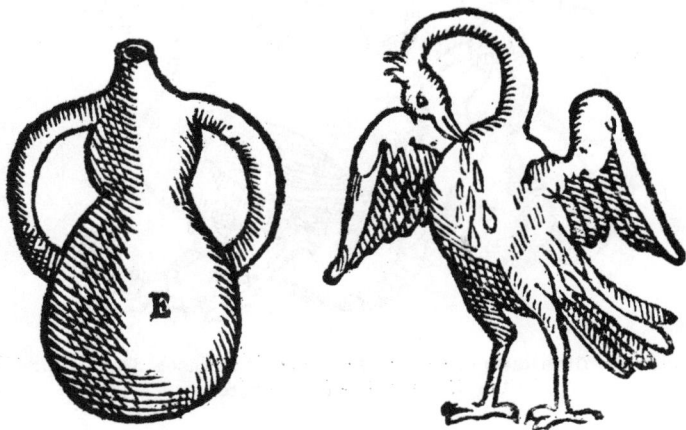

Porta · De Distillatione 1608 · L'origine des vases distillatoires · Le pélican

P R I M V S.   4 I

quia in orbes reuolutos ferpentinos gra
tius imitatur, ferpentinum vocant.
Nos quoque in aquæ vitæ extractione
fæpiffimè hoc vfi fumus, vt tenuiorem
naturam, puriorem, penetrantioremq́;
fortiantur in fublime per flexuofas
ambages anguftiores, & productio-
res à toto phlegmate exonerentur. Vas
F, litera adumbratur.

    Vtimur quoq; in aqua vitæ educen
da vafe quodam, quod octo, vel de-
cem pileis conftat quorum alterius vertex alterius al-

Porta - De Distillatione 1608 - L'origine des vases distillatoires
L'hydre à une et cinq têtes

A. Fornax cum globo cupreo.
B. Globus cupreus.
C. Vas deftillatorium.
D. Vas refrigeratorium cum ferpente.
E. Excipulum five vas recipiens.
F. Sedtia, quibus vafa infident.

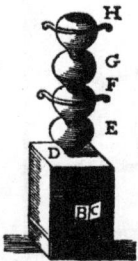

Prima olla fublimatoria E. innititur foramini fuperiori fornacis D. Secunda F. Tertia G. Quaṛta H. & fic confequenter.

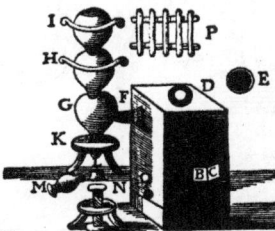

Cineritium ejufdem cum fornace amplitudinis A. Foramen medium per quod carbones & fpecies injiciuntur deftillanda B.obturamentum lapideum apponendum poft injectionem C. Foramen fuperius diftinctione aliqua præditum arenâreplendâ D.Cum fuo operculo E. quod apponitur poft injectionem carbonum & materialium. Fiftula fumum egrediens copulata primo recipienti F. Primum vas recipiens G.Secundum H.Tertium I. Sellula cui innititur primum vas recipiens , in medio perforatum, ut collum recipientis tranfire valeat , cui fcutella L. annectitur K. Ipfa fcutella per cujus fiftulam defluunt condenfati fpiritus in recipulum appofitum L. Recepta- culum in quod fiillant in fcutella colletis fpiritus M. Sellula N. Per cujus medium tranfit trochlea pro lubitu elevabilis, cujus beneficio fcutella L.Primo applicatur recipienti, i.e.ſuferiori. Eocus fiftula pro deftillatione fpiritus vitrioli & a- luminis O. Crates confiftens è duobus baculis ferreis robuftis, transverfis,firmiter fornaci applicatis,cui innituntur 4.vel 5, alii minores mobiles , quò fornax ab immundicie liberari queat.

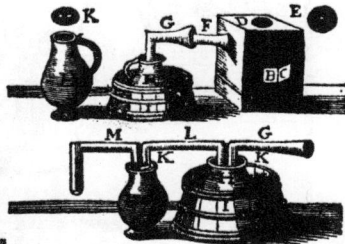

Prima fiftula curva G. accommodata fiftulæ fornacis æquali F. Vas recipiens fiftulæ illi accommodatum , collocatum in labro quodam. I. in aquâ ad accelerandas operationes H. cum fuo operculo duplici foramine prædito K. quorum primum prima tranfit fiftula curva fimplex G. alterum verò prima fiftula curva dupliciter I. uno ſcilicet brachio , quorum alterum abit in vas recipiens fecundum HH. Similiter ut primum in aquâ in labro quodam collocatum , quod etiam altera fiftula curva dupliciter M. ingreditur , brachio ſcilicet uno , &c. quâ ratione & deftillantur fpiritus & fublimantur flores celerrimè & quidem in magnâ copiâ.

Glauber - Descriptio artis distillatoriæ novæ - Appareils distillatoires 1651

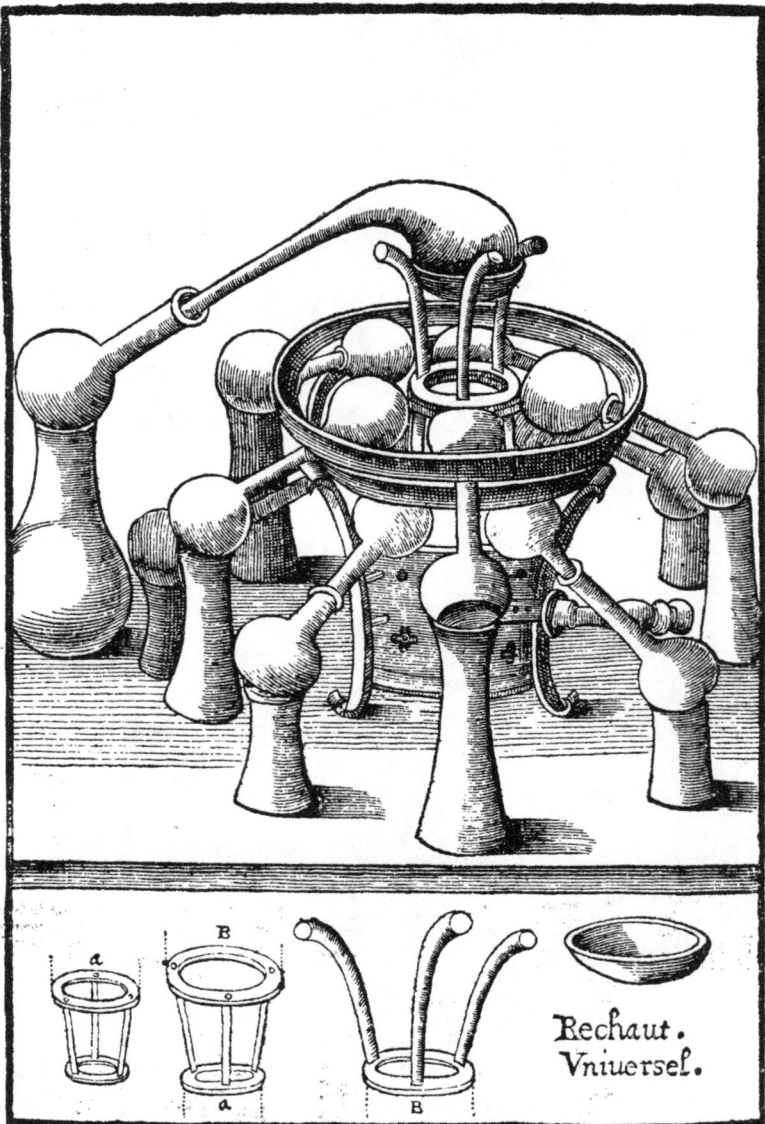

Rechaut.
Vniuersef.

Barlet 1657 - Le vray et méthodique Cours de physique résolutive
vulgairement appelé Chymie 119

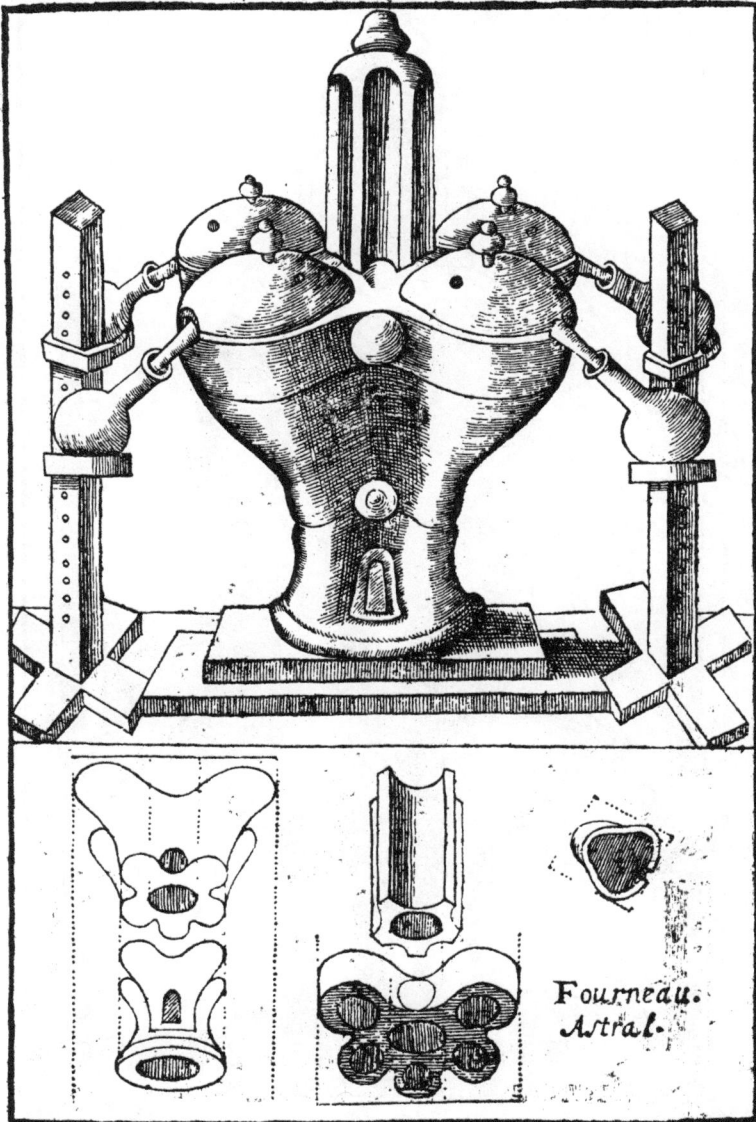

Barlet 1657 - Fourneau dit Astral

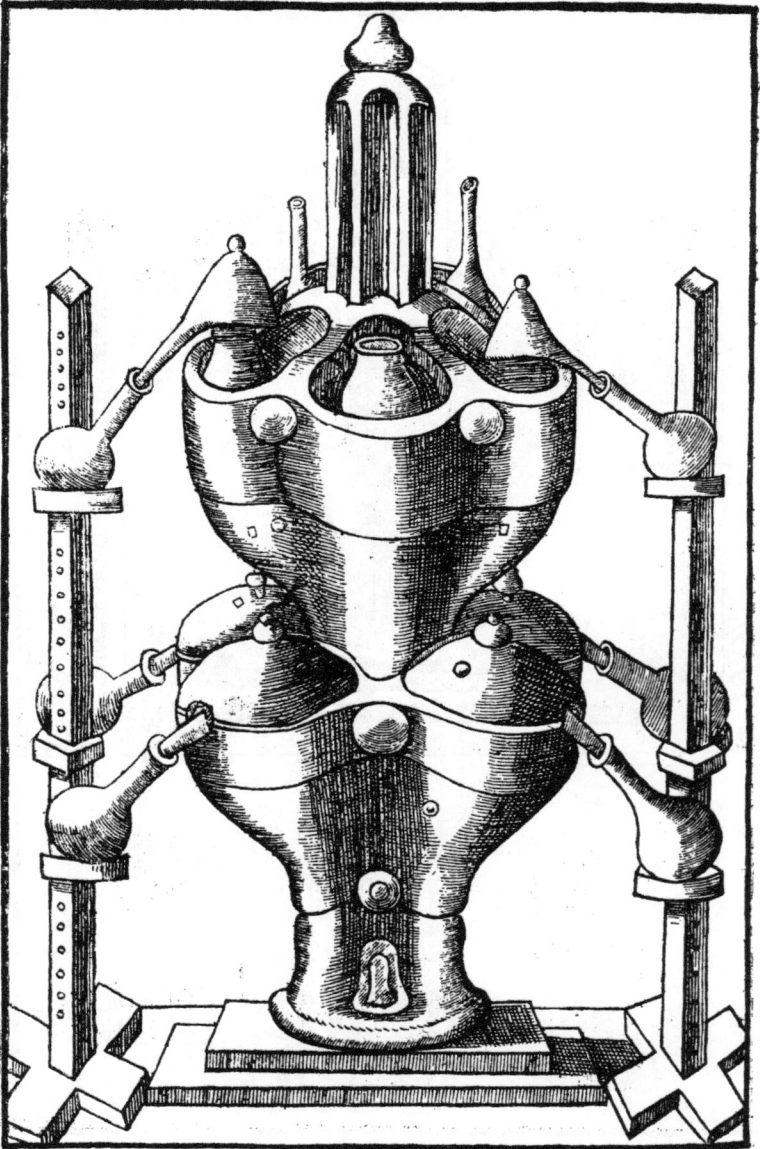

Barlet 1657 - Astral à étages   121

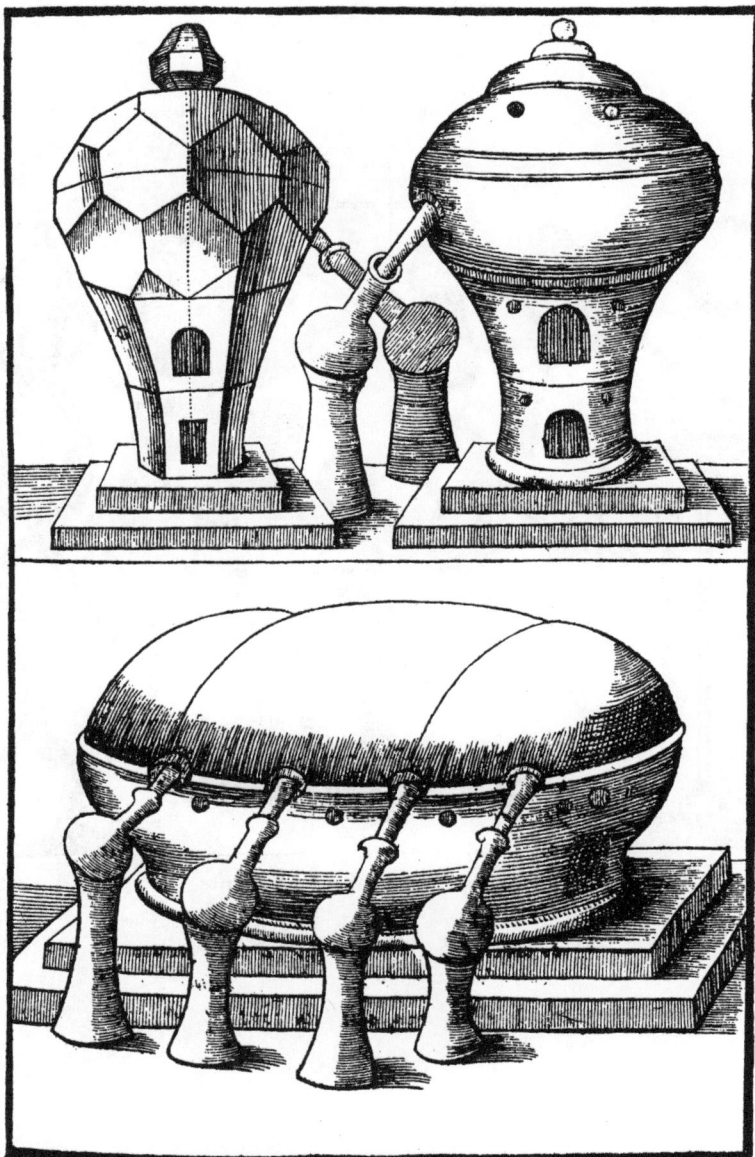

Barlet 1657 - Fourneaux à distiller à réverbère   122

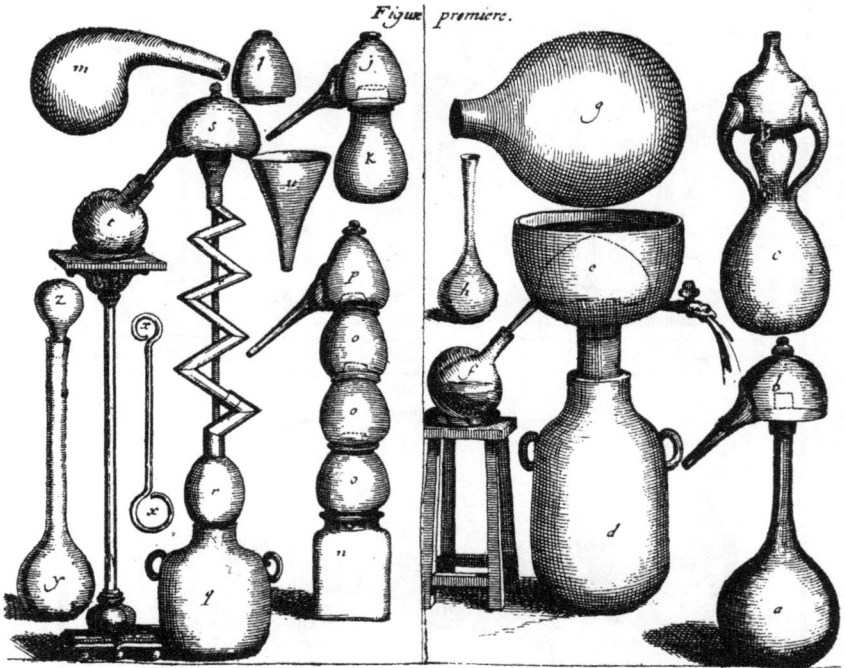

Figure premiere.

Glaser 1663 - Traité de la Chymie 125

Des Veeetaux.   2. Figure.

Barlet 1657 - Le Cours de Physique résolutive   123

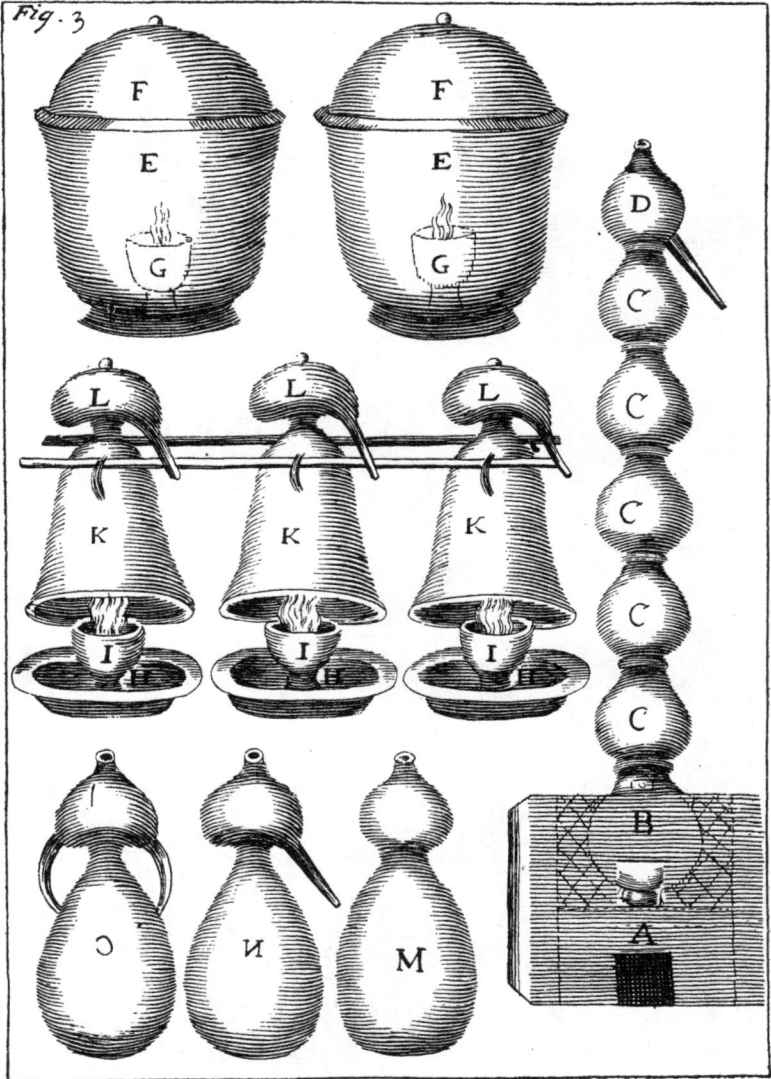

Moyse Charras 1681 - Pharmacopée royale galénique et chymique
127

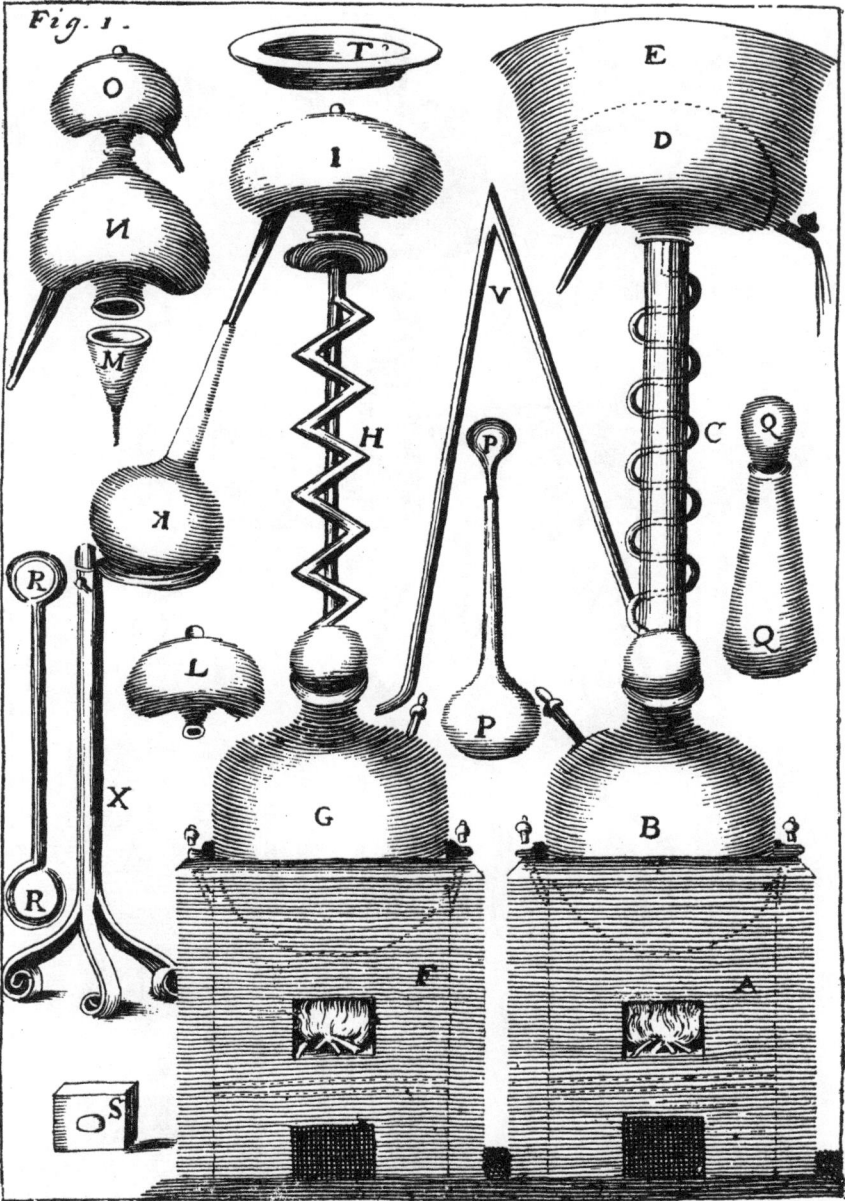

Moyse Charras 1681 - Pharmacopée royale galénique et chymique 129

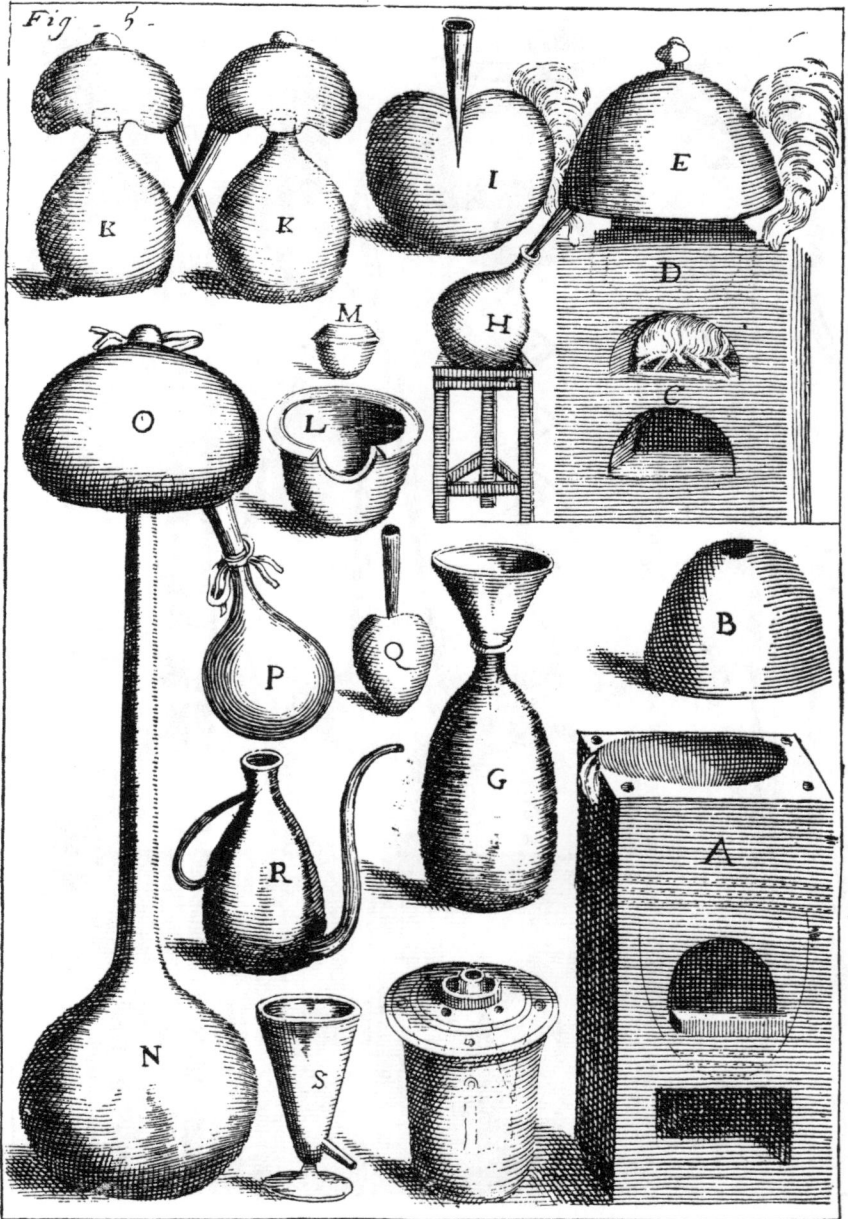

Moyse Charras 1681 - Pharmacopée royale gallénique et chymique   131

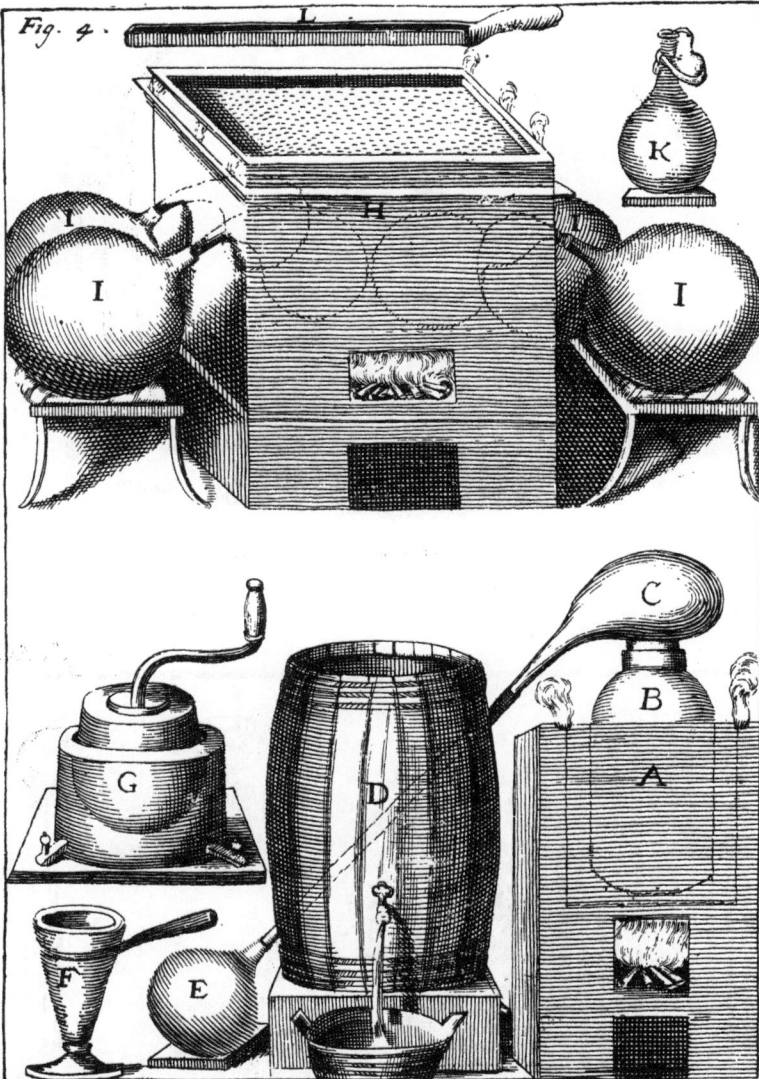

Moyse Charras 1681 - Pharmacopée royale gallénique et chymique

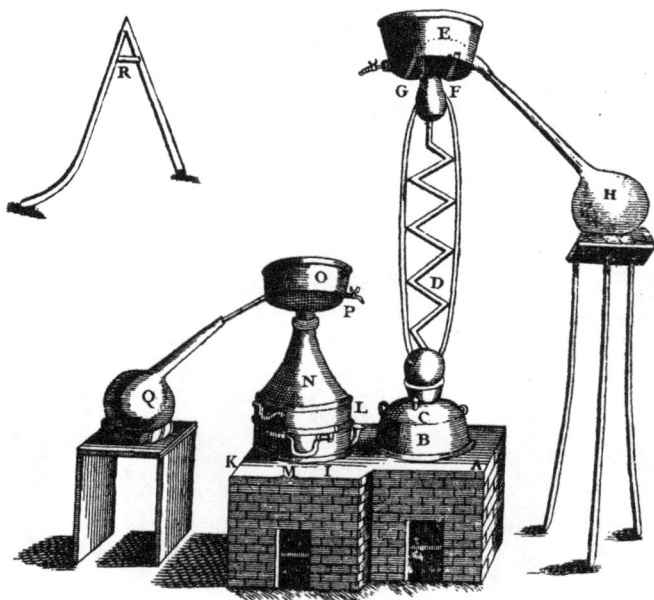

Le Rosaire 1701 - Distillation des roses   140

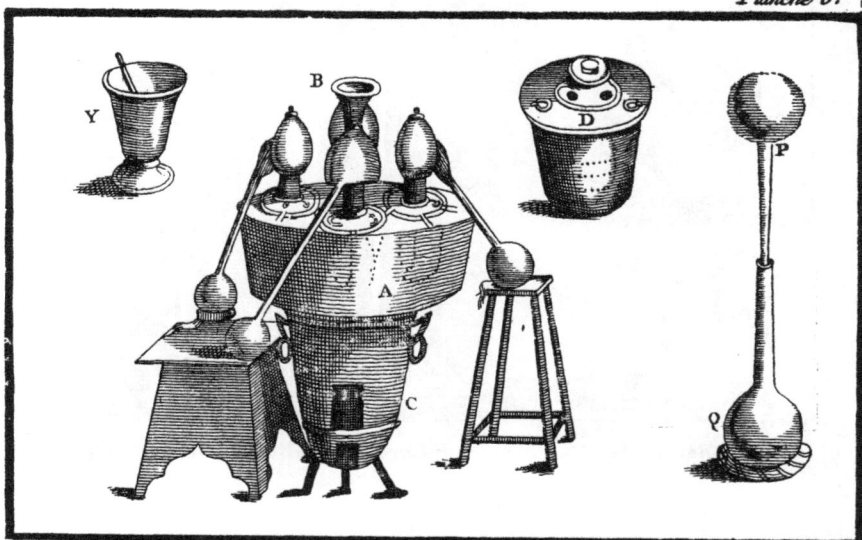

Planche 6.

Nicolas Lémery 1701 - Cours de Chymie - Appareils distillatoires   141

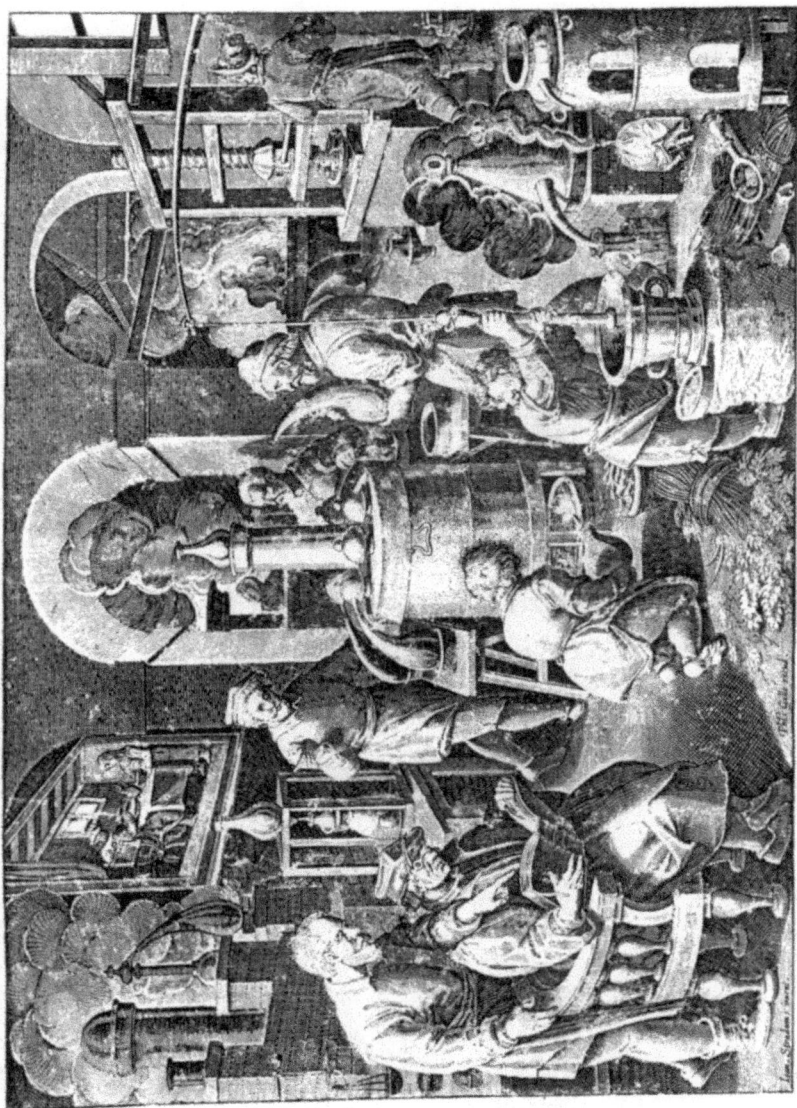

In igne fuccus omnium, arte, corporum: *Vngens fit vnda, limpida et potißima.*

DISTILLATIO.

Stradanus - Un laboratoire de distillation en 1860

Nicolas Lémery 1701 - Appareils distillatoires

142

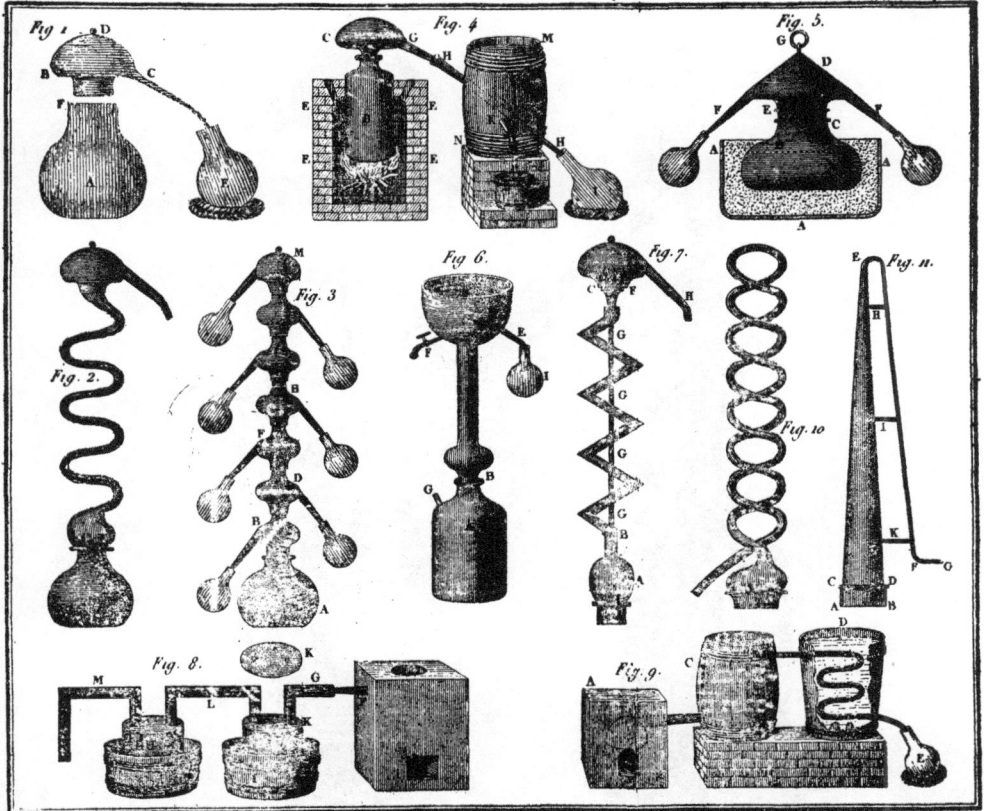

L'Art du Distillateur, des Eaux-de-vie et des Esprits.   Tom.1. Pl.1

Le Normand 1817 - L'Art du distillateur des eaux-de-vie et des esprits   147

Figure 1.   — Alambic des anciens.

— 2 et 3.   — Alambic de Porta.

—   4.   — Fourneau et vaisseau de Le Fèvre.

—   5.   — Fourneau et vaisseau pour distiller les végétaux.

—   6.   — Réfrigère de Le Fèvre.

Figure 7.   — Vaisseau pour alkoholiser l'esprit-de-vin.

—   8.   — Alambic de Glauser.

—   9.   — Alambic à serpentin réfrigérant.

— 10.   — Tube réfrigérant de Barchusen.

— 11.   — Tube réfrigérant de Boeahave.

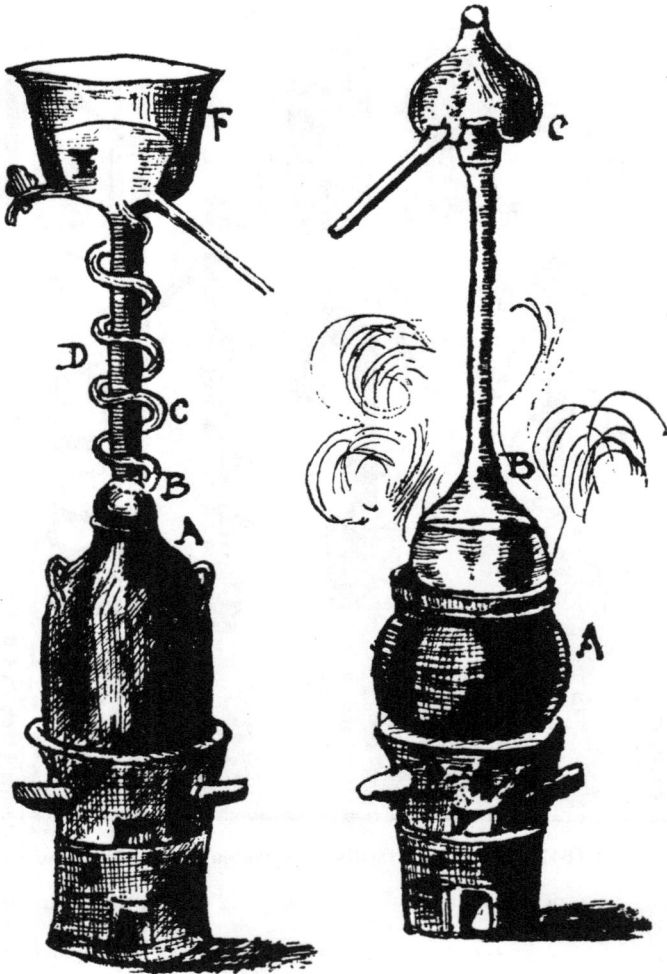

Lémery et Charas - Rectification de l'esprit-de-vin 152

Diderot et d'Alembert

Encyclopédie ou Dictionnaire raisonné des Sciences, des Arts et des Métiers 1750 - Laboratoire Chimique

155

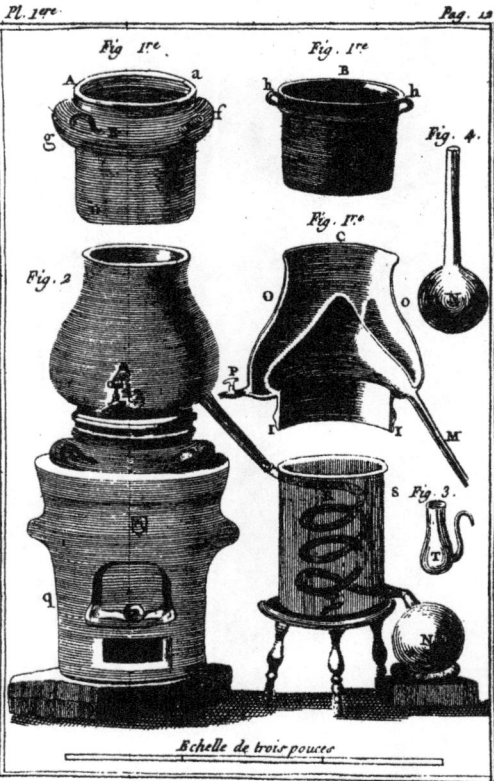

Abbé Rozier - Dictionnaire d'Agriculture 1781
Alambic Baumé 158

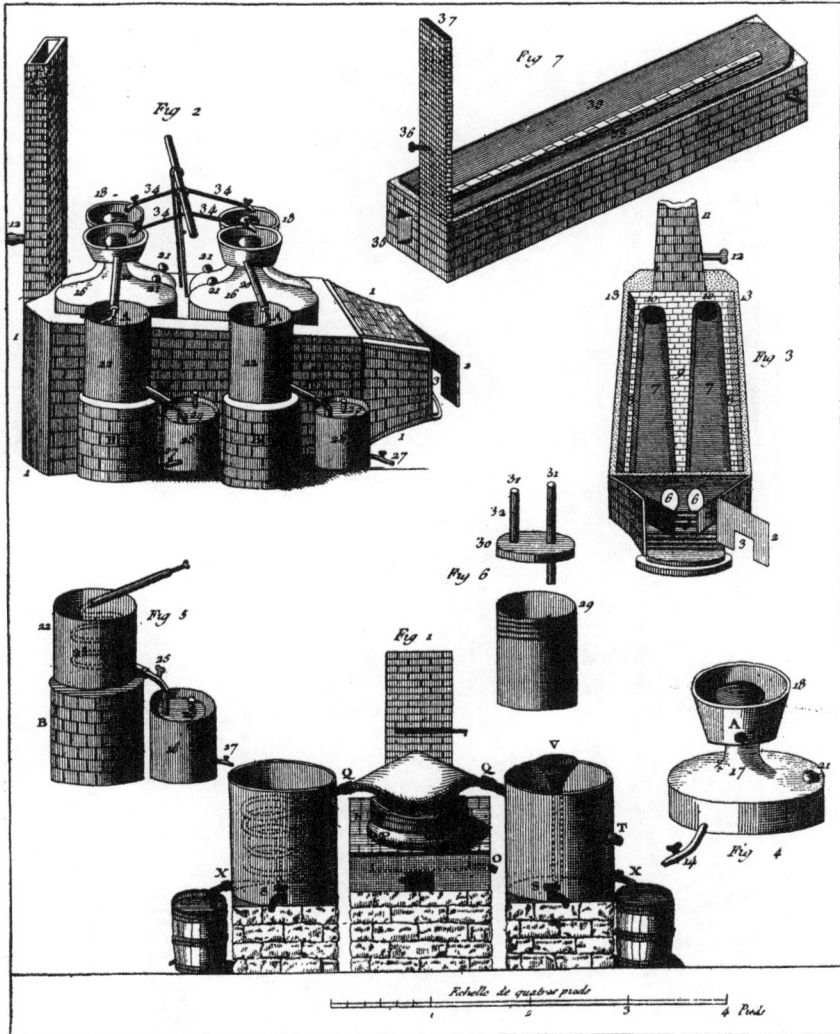

Fig. 1. —   **Alambic Baumé.**   Fig. 3. — **Fourneau de l'Alambic de Moline.**
— 2, 4, 6. — **Alambic de Moline.**   – 5. – **Pipe du serpentin de Moline.**

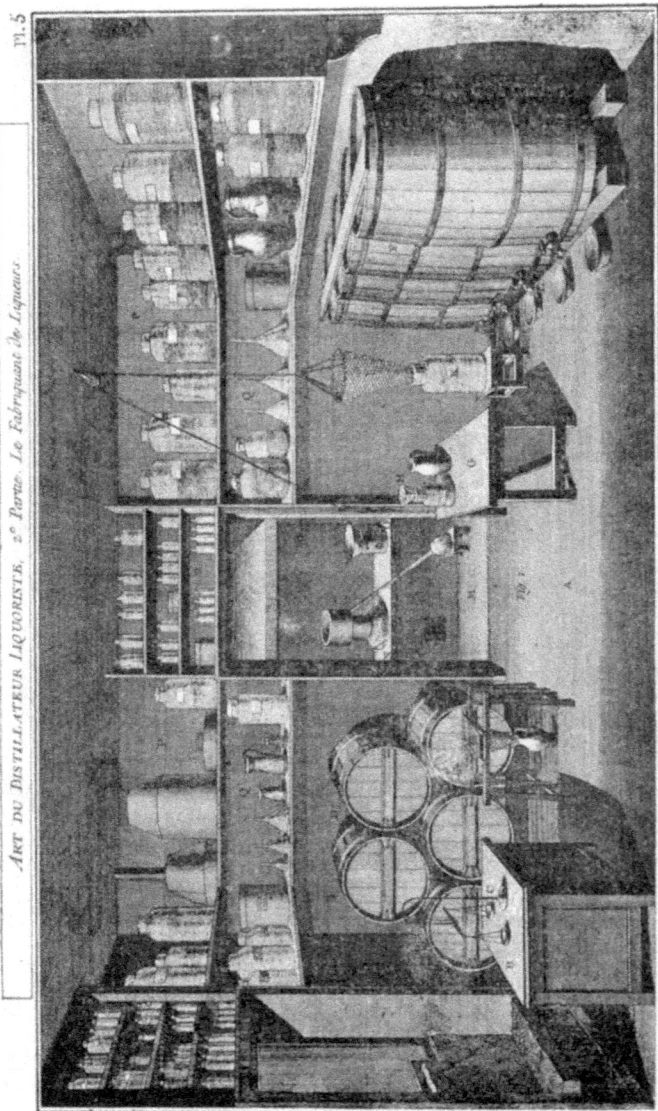

Demachy 1775 - Brûleur d'eau-de-vie 163

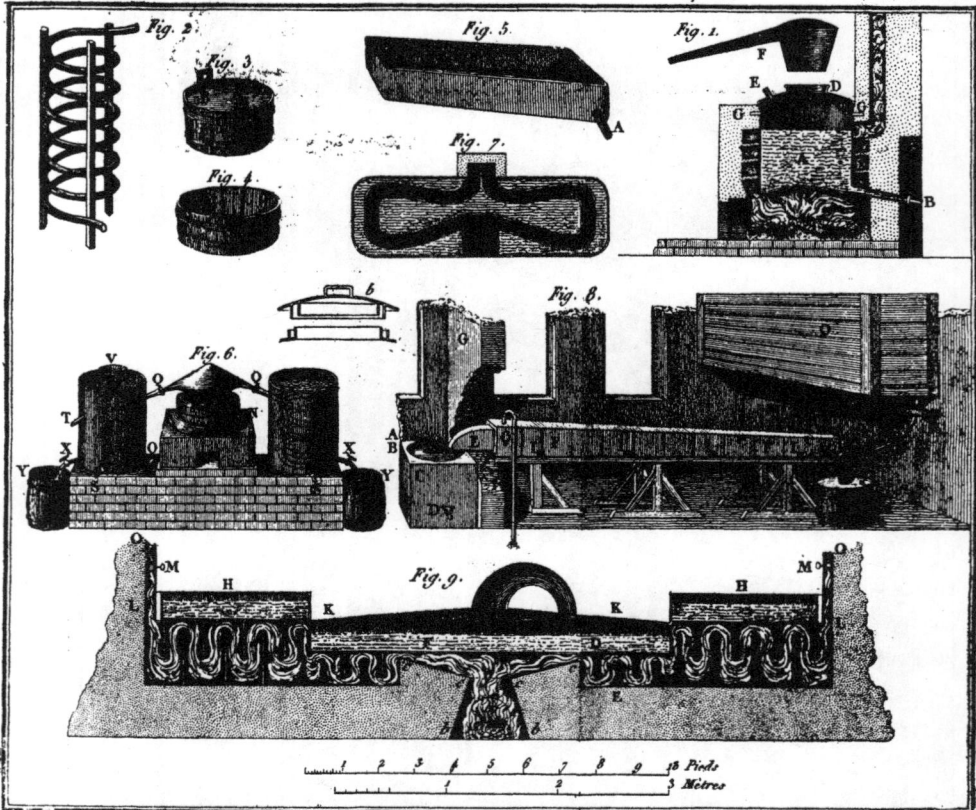

l'Art du Distillateur, des Eaux-de-vie et des Esprits.   *Tom I. Pl. 2.*

le Normand Del.   *Moisy Sculp.*

Demachy 1775 - L'Art du distillateur des eaux-de-vie et des esprits

Figure 1.   — Alambic de Chaptal.
— 5 et 7. — Alambic de Baumé.
— 6.   — Alambic de Moline.
— 8.   — Alambic de Poissonnier.
— 9.   — Alambic de Curaudeau.

170

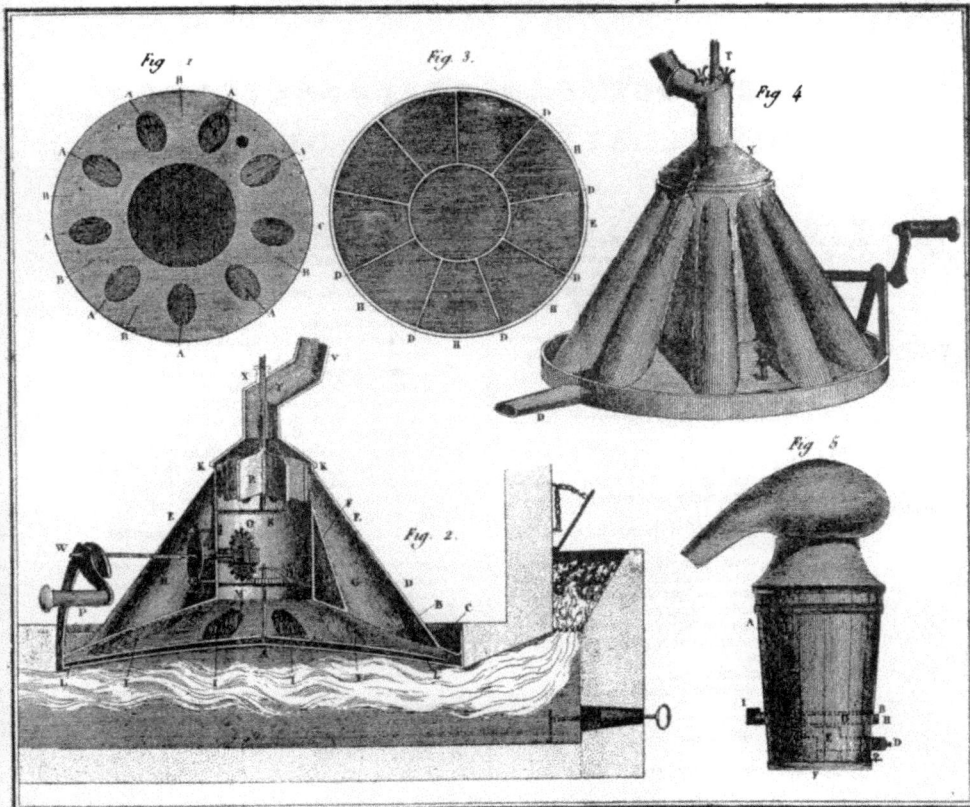

L'Art du Distillateur, des Eaux-de-vie et des Esprits.

Tom. II. Pl. 4.

Demachy - Appareil distillatoire de Millar 1799

171

DISTILLATEUR D'EAU-DE-VIE,

CONTENANT UNE PLANCHE.

LA vignette repréſente l'intérieur d'un attelier.

A B, entrée du fourneau qui eſt entierement conſtruit de briques, par laquelle on met le bois; on ferme cette ouverture par la plaque de fer, *fig.* 10.

C D, tourelle de maçonnerie de brique, qui renferme les chaudieres.

E, place où l'ouvrier brûleur peut monter pour regarder dans les chaudieres, les emplir ou ajuſter les chapeaux.

a, *b*, le deſſus des chaudieres.

c, *d*, les chapiteaux ou chapeaux.

ef, *de*, queues des chapeaux, qui entrent dans les ſerpentins.

K, M, tonne, barrique, pique ou réfrigérens dans leſquelles les ſerpentins ſont placés.

L, N, baſſiots qui reçoivent l'eau-de-vie par un entonnoir placé au-deſſous de l'extrémité inférieure du ſerpentin.

O, P, faux baſſiots ou baquets dans leſquels les baſſiots ſont placés.

g h, tuyaux venant d'un réſervoir placé derriere le mur auquel la cheminée eſt adoſſée pour continuellement rafraîchir par de nouvelle eau celle qui environne les ſerpentins.

F, cheminée commune aux deux fourneaux.

x, *y*, tirettes ou régitres pour gouverner le feu dans les fourneaux.

Fig. 1. Ouvrier qui attiſe le feu.

3. Ouvrier qui éprouve la liqueur qui eſt ſortie du ſerpentin.

Bas de la Planche.

3. Les deux tirettes ou régitres,

4. Coupe du chapeau de la chaudiere par un plan qui paſſe le long de la queue.

5. Coupe de la chaudiere & du fourneau ſur lequel elle eſt montée.

A, Collet de la chaudiere qui reçoit intérieurement le chapeau.

B, oreilles au nombre de trois ou de quatre, par leſquelles la chaudiere eſt ſuſpendue dans la maçonnerie du fourneau.

C D, tuyau bouché en D par un bondon ou tampon de bois garni de linge, que l'on ouvre pour laiſſer écouler la liqueur hors de la chaudiere par-derriere le mur auquel le fourneau & la cheminée ſont adoſſés.

6. Baſſiot & faux baſſiot. Le baſſiot eſt foncé; le deſſus eſt percé de deux trous, l'un pour recevoir la queue de l'entonnoir, & l'autre que l'on ferme avec un bouchon de liége pour laiſſer paſſer la jauge.

7. Serpentin vû ſéparément.

a b, *c d*, *e f*, les trois montans qui en ſoutiennent les différens tours.

A, extrémité ſupérieure qui ſort de quelques pouces hors du réfrigérent, pour recevoir l'extrémité de la queue du chapeau.

B, extrémité inférieure du ſerpentin, par laquelle la liqueur diſtillée ſort pour tomber par un entonnoir dans le baſſiot que l'on place au-deſſous.

8. Jauge que l'on introduit dans le baſſiot, pour connoître la quantité de liqueur qui y eſt contenue.

9. Prouve ou petite bouteille ſervant à éprouver l'eau de-vie.

10. Porte ou trappe de fer pour fermer l'ouverture du fourneau. *Voyez* l'art. *Eau-de-vie.*

Parmentier 1802 - Méthode pratique de la distillation   178

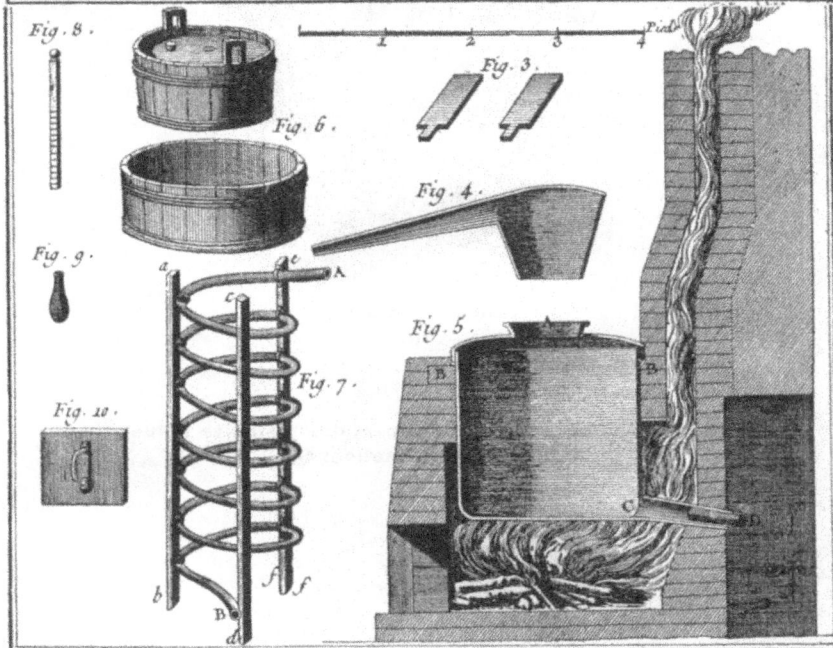

Distillateur Liquoriste Limonadier, *Distillation de l'Eau de Vie &c.*

Benard direxit.

L'alambic de Parmentier 1802 179

Edouard Adam
1801

**Son alambic est le point de départ des alambics actuels
à distillations fractionnées**

L'abbé Rozier – Dictionnaire d'agriculture 1801 mis à jour par Parmentier et Chaptal 1809 – Alambic d'Edouard Adam

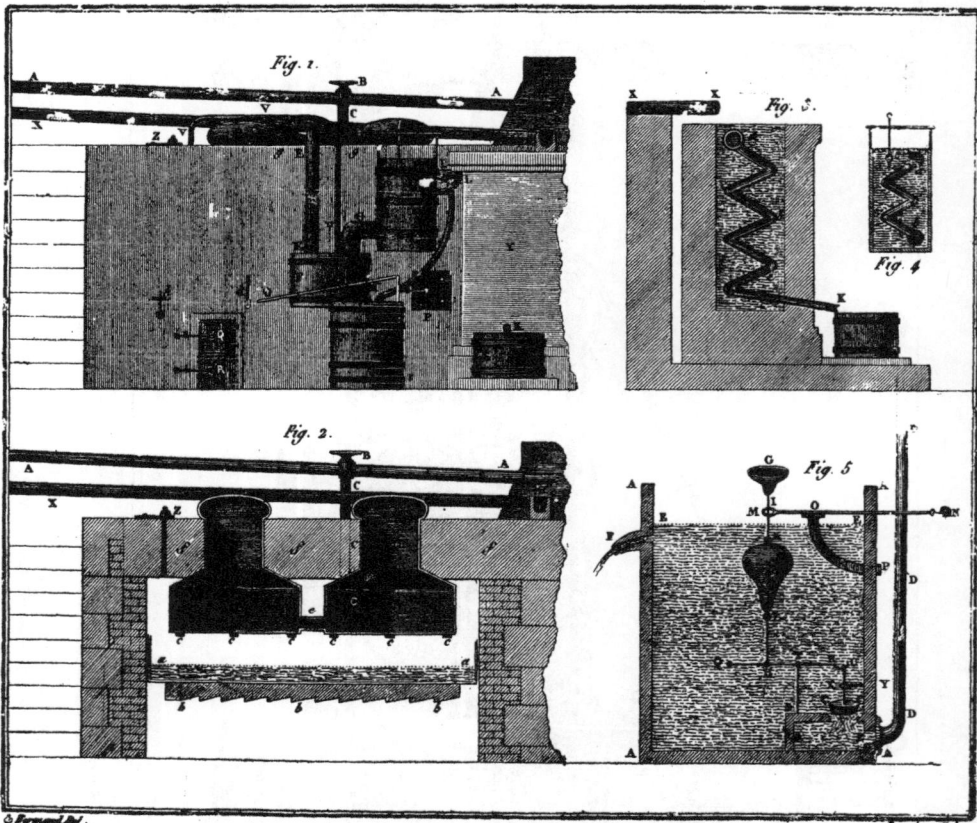

Demachy - Alambic de Solimani 1801

177

Alambic de Ménard 1804   184

Pl. II   Tom. 5 Pag. 10

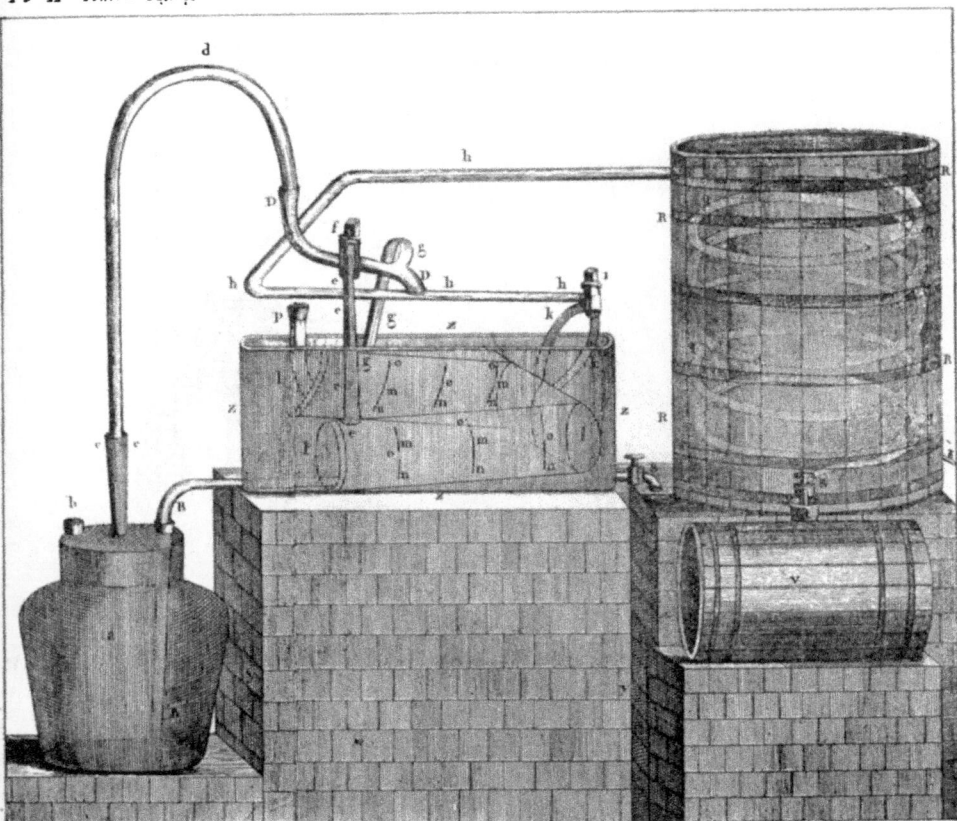

Alambic de Bérard 1805   185

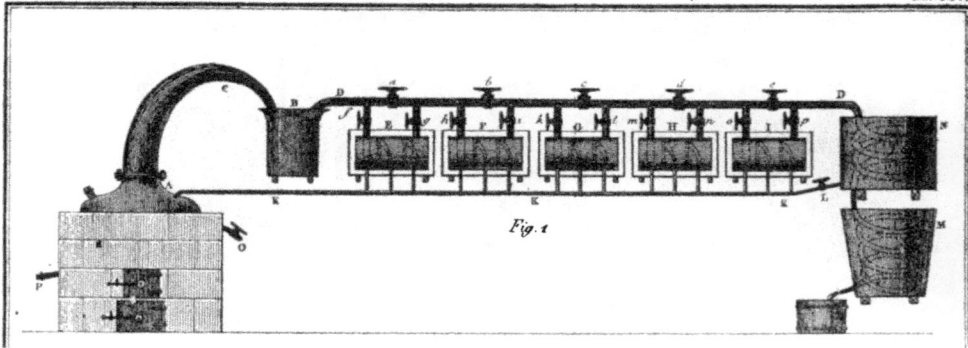

L'Art du Distillateur des Eaux-de-vie et des Esprits

Fig. 1

Alambic Alègre 1806

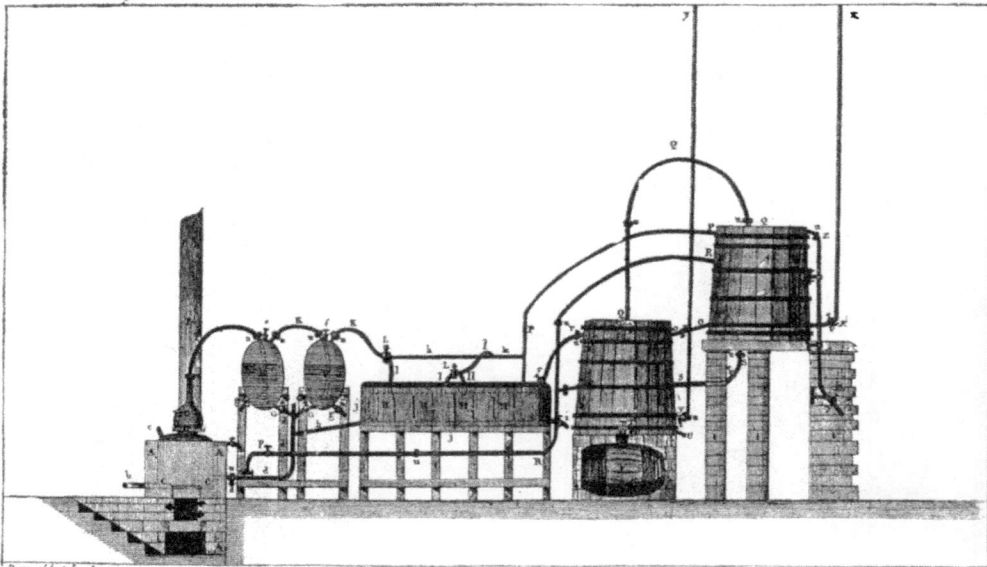

Alambic Chaptal 1801 - Combinaison des appareils Adam et Bérard

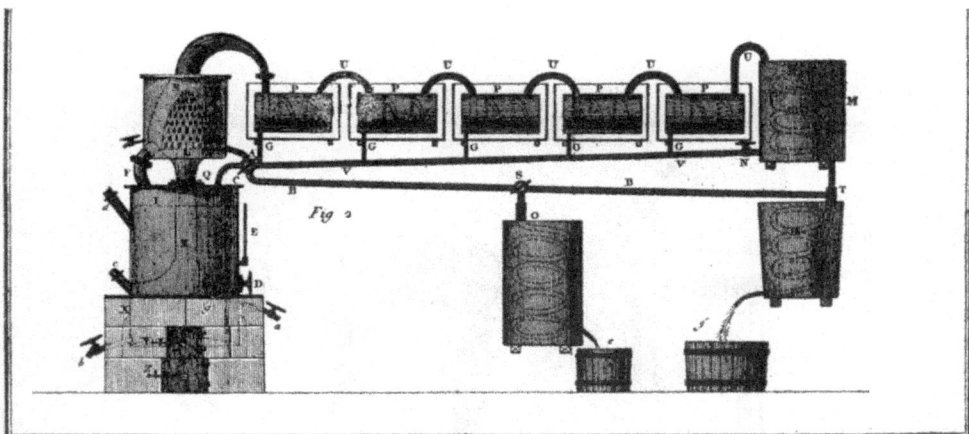

Alambic Carbonel 1808

193

L'Art du Distillateur des Eaux-de-vie et des Esprits

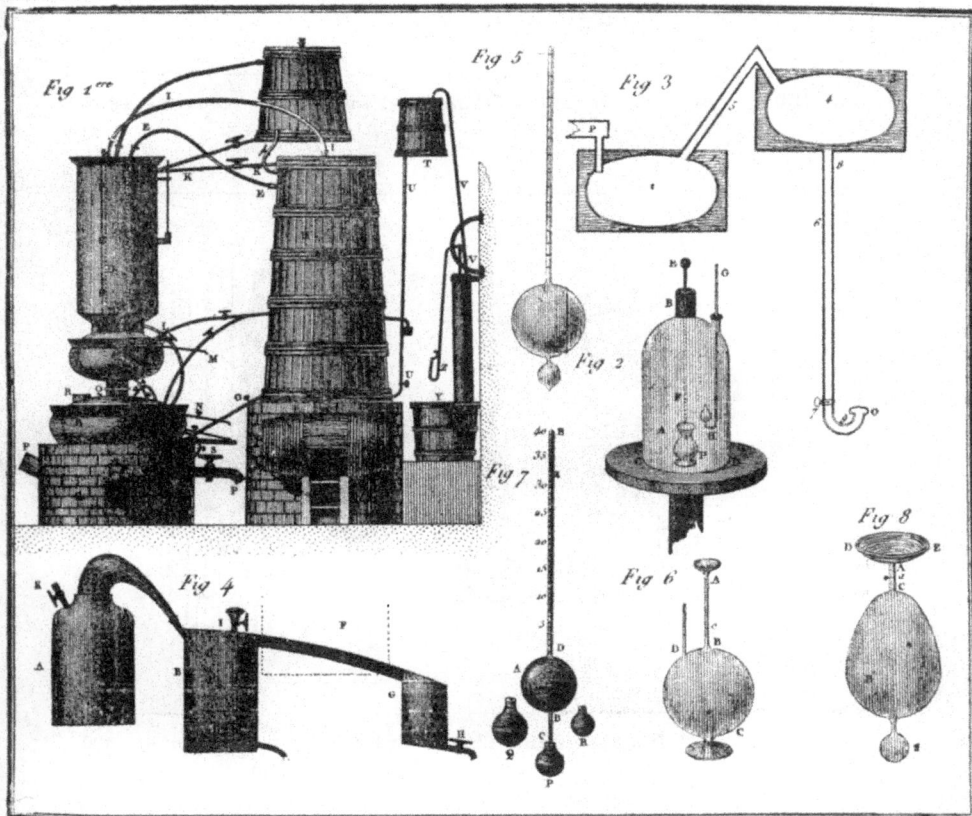

Fig. 1. — L'alambic Alègre 1813.
 — 2. — L'expérience de Lavoisier - Ebullition de l'éther dans le vide.
 — 3. — La distillation au moyen du vide par Lebon.
 — 4. — L'appareil Black basé sur la théorie de la chaleur latente.

Fig. 5. — Le premier aréomètre d'Hyporic.
 — 6. — L'aréomètre de Homberg.
 — 7. — L'aréomètre de Musschenbroek.
 — 8. — L'aréomètre de Fahrenheit.

194

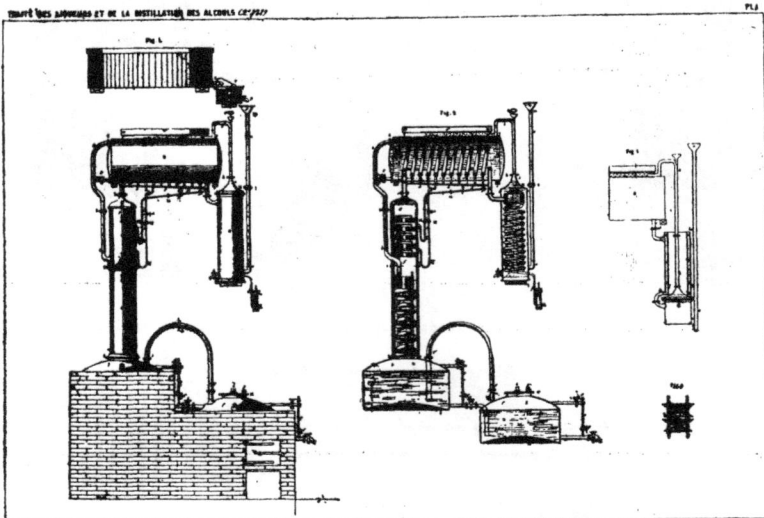

Duplais 1858 - L'alambic de Collin Blumenthal modifié par Derosne 1815

197

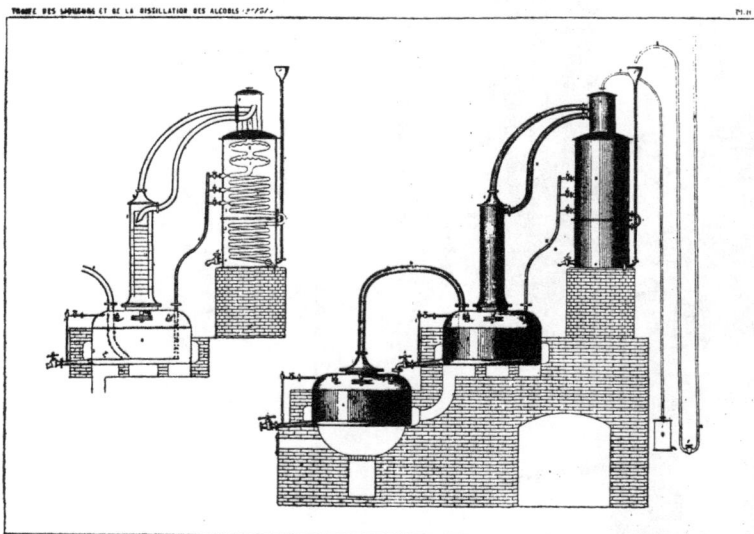

Duplais 1858 - L'alambic Égrot   199

200

Installation complète d'une brûlerie Égrot vers 1855

Barlet 1657 - Les caractères hermétiques

De 16 à 27 les signes du zodiaque.

33 Le Feu.	81 Vinaigre distillé.	85 Sable.	91 Feu de roue.
34 L'Eau.	82 Vin rouge.	86 Cornue.	94 Soulphre des philosophes.
61 Mercure de vie.	83 Vin blanc.	88 Esprit-de-vin.	96 Alambic.
75 Tartre.	84 Verre.	90 Esprit en général.	99 Mort ou teste morte.

Lémery 1705 - Traité de Chimie 87

D'après les Planches de l'Encyclopédie 1763

Caractères de Chymie.

Diderot et d'Alembert - Encyclopédie 1763 156

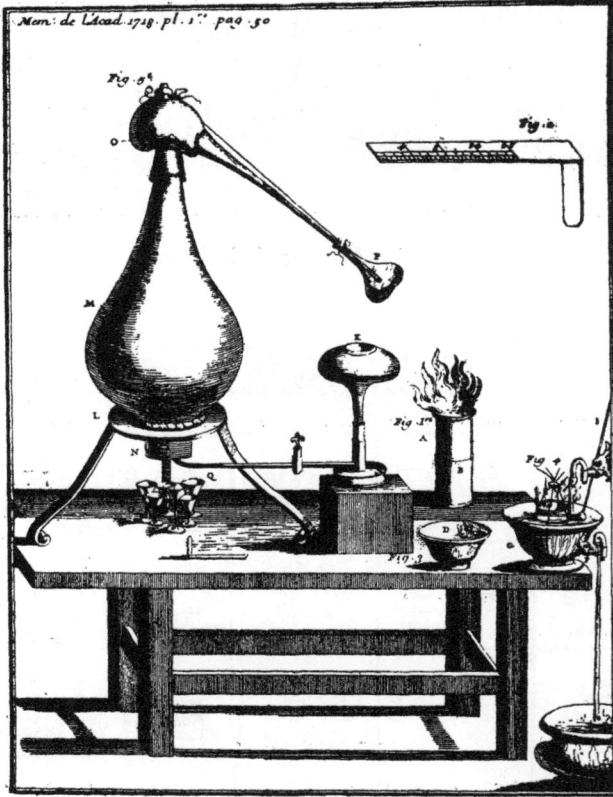

Geoffroy 1718 - L'essai de l'eau-de-vie   208

HISTORIQUE
de l'ARÉOMÉTRIE et de l'ALCOOMÉTRIE

Tubus vitreus quo liquorum pondus exploratur
Vulgò pèse-liqueur des Romains   212

Abbé Nollet - Traité de physique - Un souffleur de verre en 1750   215

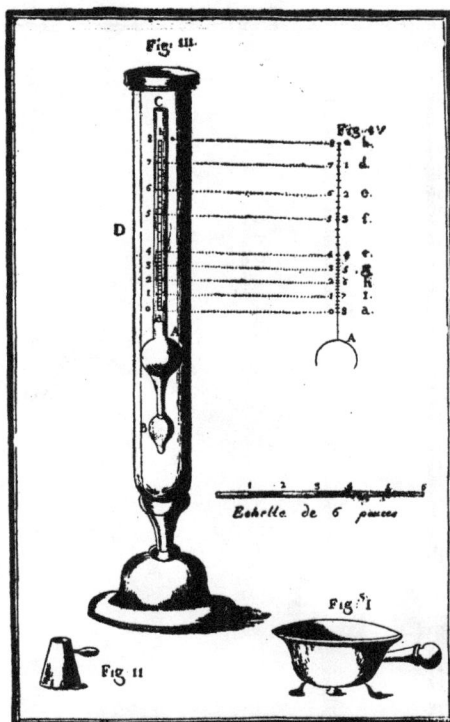

Le pèse-liqueur de Poncelet 1771   221

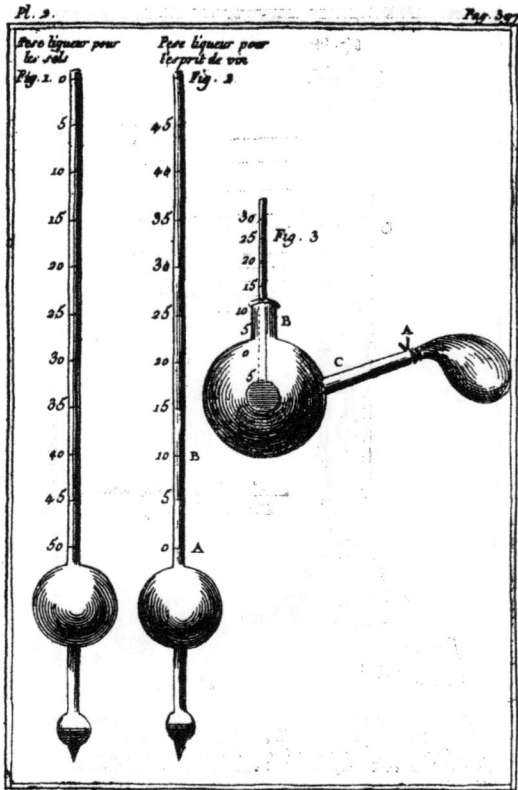

Le pèse-liqueur de Baumé
Eléments de Pharmacie 1773   216

ANTOINE BAUMÉ.
Mre Apoticaire de Paris,
de l'Académie Royale des Sciences,
Né à Senlis, le 26. Février, 1728.

Pl. 10

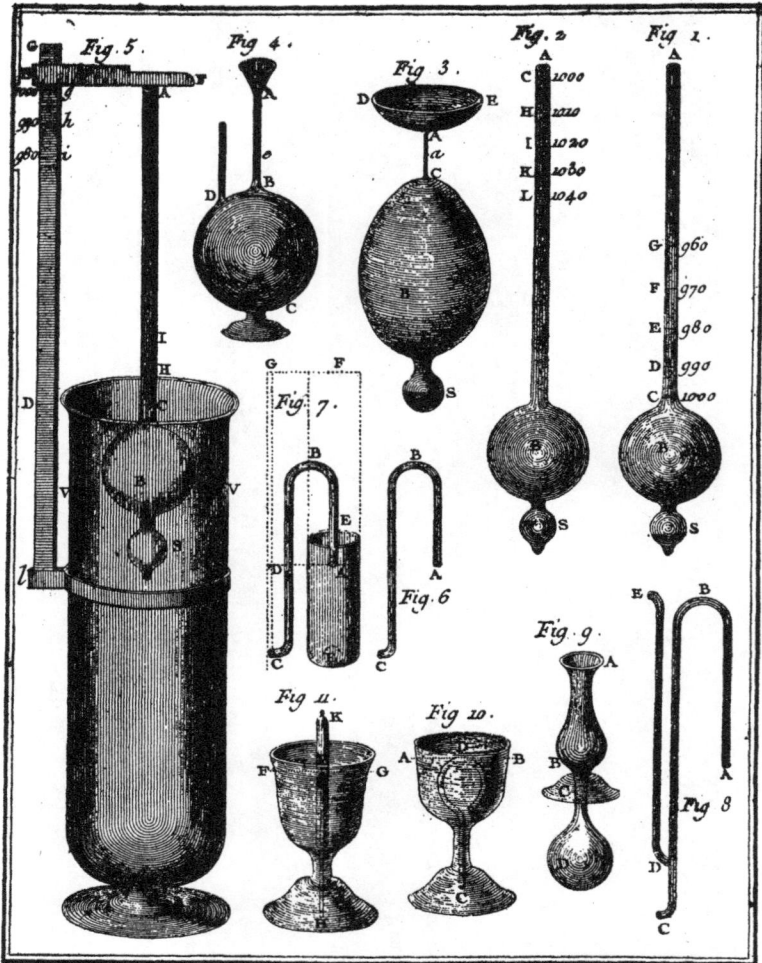

Physique.

Brisson - Dictionnaire de Physique

Fig. 1. — Pèse-liqueur.
— 2. — Pèse-sels.
— 3. — Aréomètre Fahrenheit.
— 4. — Aréomètre Homberg.
— 5. — Aréomètre Montigny.

219

Ingénieur Chevallier · Un souffleur de verre en 1819   224

Essai sur l'art de l'Ingénieur
en instruments de Physique expérimentale en verre

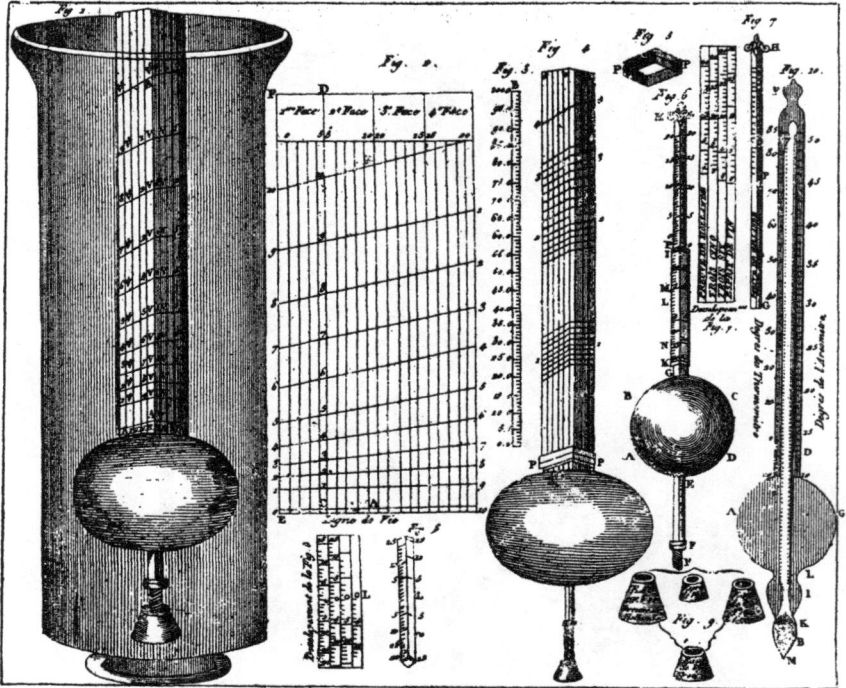

Fig. 1 à 3 et 5 à 10 — Aréomètre pèse-liqueur de Bories 1778

Fig. 4. — Bathmomètre (sur la planche originale du mémoire de Bories, le lest des aréomètres est constitué par des médailles aux armes du Languedoc et de l'Évêché de Narbonne).

222

L'Art du Distillateur des Eaux-de-vie et des Esprits.   Tom 2. Pl. 6

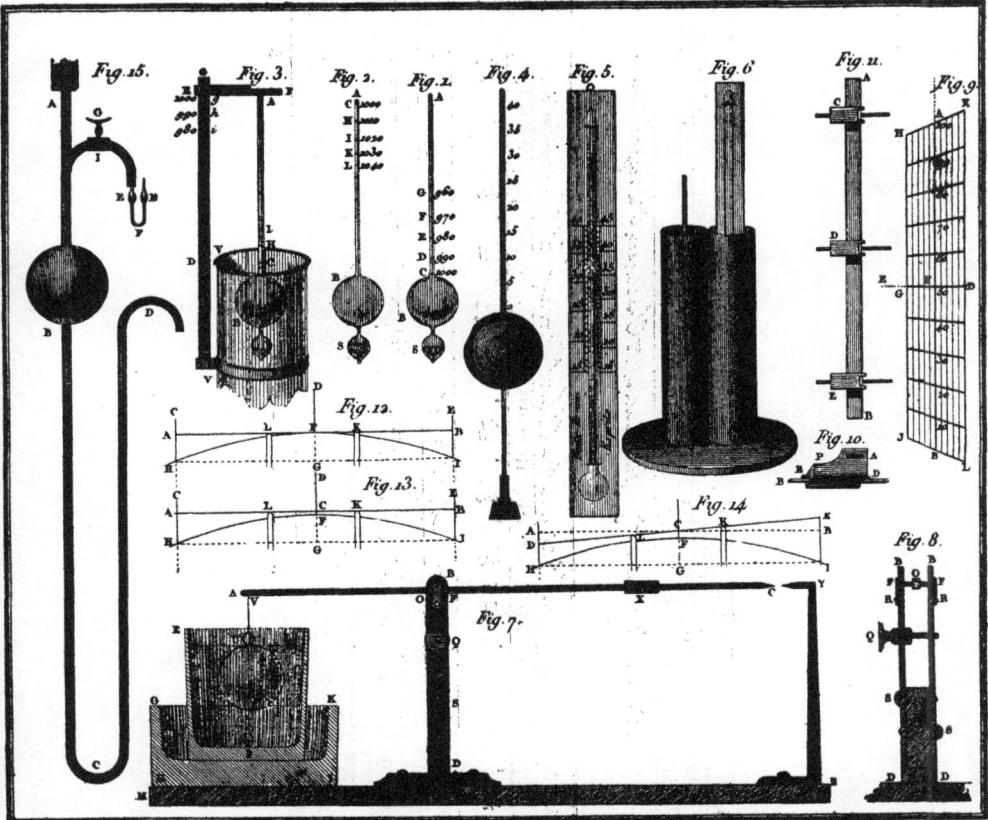

Fig. 1. — Aréomètre pour liquides moins denses que l'eau
— 2. —   —   —   plus   —   —
— 3. —   —   Montigny
— 4, 5, 6. — Aréomètre de Barthélemy de Montpellier 1806

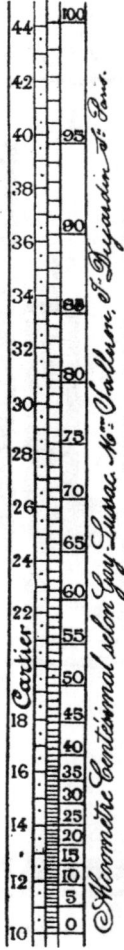

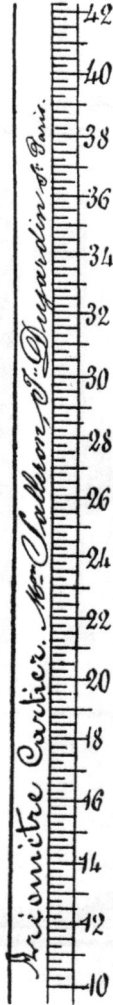

Echelles de l'alcoomètre centésimal de
Gay-Lussac et des aréomètres Cartier et Tessa

227

Dessiné d'après Nature à Paris en 1804, et Gravé par Ambroise Tardieu.

J.^{ph} L.^{is} GAY-LUSSAC
(Physicien et Chimiste),
Membre de l'Académie royale des Sciences,
de la société royale de Londres &a.
Né à St Léonard (Dép.^t de la H.^{te} Vienne) le 6 Décembre 1778.

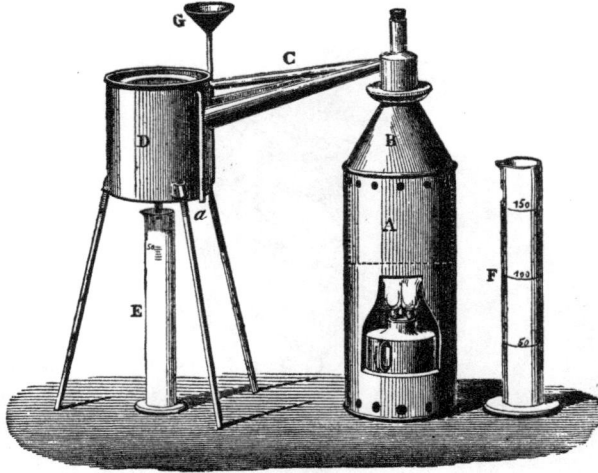

L'alambic de Gay Lussac 1824

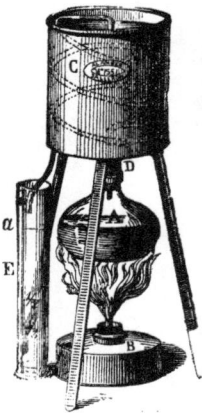

L'alambic de Salleron 1858   L'alambic de Salleron 1857   233

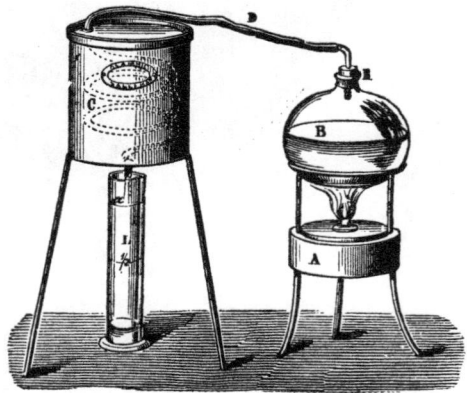

Jules Salleron
1829-1897

Notice sur les Instruments de précision
Météorologie 1858 – Physique 1861
Pesanteur, hydrostatique, calorique, mécanique 1864
appliqués à l'Œnologie 1882-1887
Alambic Salleron 1853 - Acétimètre 1855
Ebulliomètres - Règles ébulliométriques
Règle de corrections alcoométriques
Compte-gouttes 1861 - Machine à essayer les bouchons 1868
Études sur les vins mousseux, sur la résistance des bouteilles,
sur le liège. Absorptiomètre 1886-1895
Vinocolorimètre 1881
Table de conversion de l'Alcoomètre Gay Lussac
et de l'Hydromètre Sykes 1860, etc.

Institut Impérial

DE

Académie

FRANCE.

des Sciences.

Paris, le 21 Octobre 1858

Le Secrétaire perpétuel de l'Académie
A Monsieur Salleron

Monsieur l'Académie a reçu, dans sa Séance du 11 Octobre 1858, votre Mémoire manuscrit, intitulé: Note relative au défaut d'uniformité des alcoomètres.

J'ai l'honneur de vous prévenir que ce travail sera examiné par une Commission composée de MM. Chevreul Pouillet, Despretz, Fremy.

Agréez, Monsieur, l'assurance de ma considération très distinguée Flourens

Lettre de l'Académie des Sciences à M. Jules Salleron 1858   230

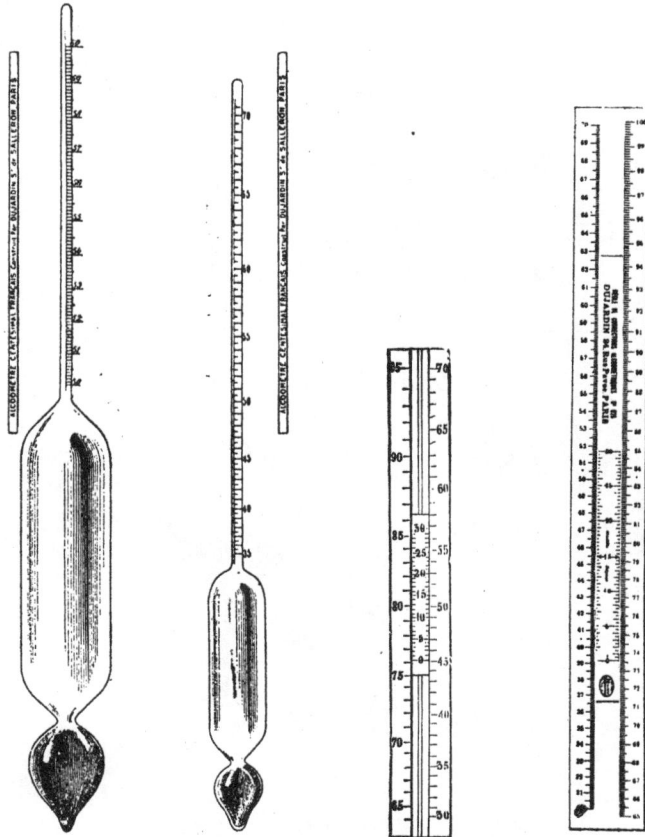

**Alcoomètres centésimaux divisés par 1/10 et par 1/2 degrés
contrôlés par l'Etat français (loi de 1884)**
Règles de corrections alcoométriques par degré et par dixièmes

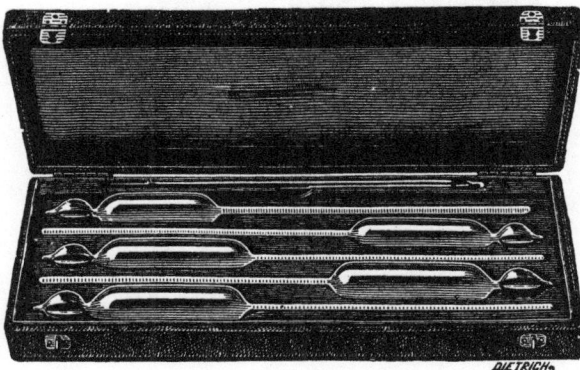

Ecrin d'Alcoomètres

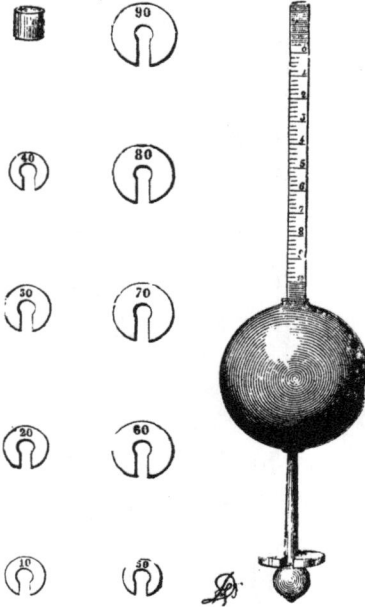

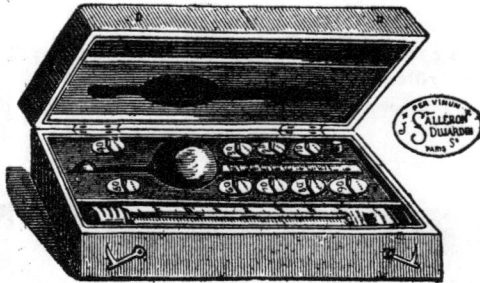

Hydromètre anglais de Sykes
et thermomètre de Farenheit
(under & over proof spirit)

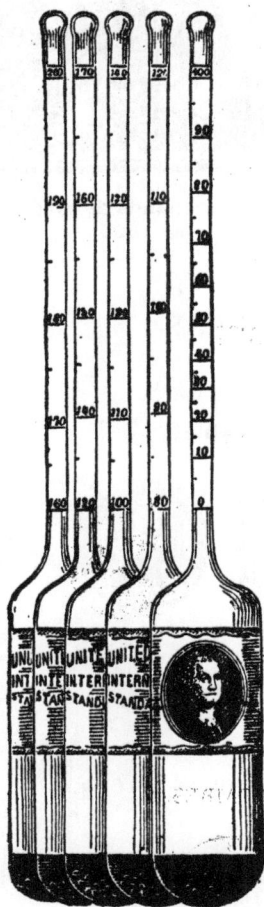

Hydromètres américains
de Dycas 1840

Alcoomètres allemands
et autrichiens
de Richter et de Tralles

Estampille des Hydromètres américains 1901

**Frontispice d'une ordonnance des marchands de vins
de la ville et faubourg de Paris en 1690**

LES CORPORATIONS

DISTILLATEURS-LIMONADIERS

ÉPICIERS-APOTHICAIRES.

VIGNERONS.

**Armes et jetons des Corporations de Paris
Livre des métiers - René Lespinasse 1886**   93 94

Cette planche a esté faite des deniers de
La Confrairie du Sainct Esprit soubs le nom de Sainct Louis
érigée par la
Communauté des Maîtres Distillateurs et Marchands d'eau-de-vie, liqueurs, essences et limonades
le 20ᵐᵉ de juillet 1676

PETIT LAIT
D'HENRY IV

NECTAR DE LA CHARTE DE 1830

L'Histoire de l'Etiquette

Les ÉTIQUETTES à BOUTEILLES
DE LIQUEURS

Comme complément à l'importante publication que nous avons faite, lors de l'Exposition Universelle de 1900 sur l'histoire de l'Alcool et de la Distillation par l'image et sur l'aimable insistance des Membres du Comité d'organisation de la classe 61 (Distillateurs, Fabricants de Liqueurs) et de la Section Rétrospective, parmi lesquels nous comptons beaucoup de correspondants et d'amis, nous avons ajouté à notre Collection d'Ouvrages Anciens, de Gravures et d'Instruments sur ce sujet, celle des Étiquettes de bouteilles à liqueurs.

L'Étiquette représente, en effet, l'histoire de la Distillation et cette collection est de ce fait très curieuse ; nous serions reconnaissants à nos correspondants de nous envoyer celles qu'ils n'utiliseraient plus, surtout anciennes et celles qui sont modernes et présentant un cachet artistique spécial, nous les remercions à l'avance.

Notre Collection commence seulement à 1800 ; nous en donnons ci-contre quelques spécimens. Les clichés que nous reproduisons nous ont été aimablement prêtés par M. Tumbeuf, archiviste de la Société Archéologique, Historique et Artistique, « *le Vieux Papier* », de Paris et sont extraits de ses curieux bulletins, dont la collection constitue un véritable Musée de vieux documents sur les sujets les plus variés.

L'histoire de la bouteille, qui ne date que du règne de Louis XV, celle de l'étiquette qui en a été le complément, ont été longuement traitées dans les Bulletins de Juillet 1904, par M. Flobert (18 reproductions d'étiquettes). Juillet 1910, n° 61, par M. Monmarché. Mars, Juillet, Septembre 1921, n⁰ˢ 99, 100, 101 (25 reproductions d'étiquettes) par M. Grasilier. Nous reproduisons un curieux prospectus de la maison Laroche de Lyon, qui donne la liste et les noms des principales liqueurs vendues par elle vers 1823 (voir page 143).

Les 25 reproductions du Bulletin de 1921 montrent à quelles fantaisies pouvaient se livrer les dessinateurs auxquels on demandait de réaliser les désignations sur les étiquettes.

DUJARDIN Jules.

ELIXIR GARIBALDI

COMBAT DE NAVARIN

Puisque le vin est tiré il faut le boire

LIQUEUR des SAPEURS-POMPIERS

123 CONTRE 12000.

NECTAR DE MAZAGRAN

LIQUEUR DE SÉBASTOPOL

LIQUEUR A LA POLKA.

LAROCHE FRERES
Distillateurs Liquoristes
Hors la Porte St Clair N.° 17 à Lyon.
Fabriquent et vendent les objets ci après

Toutes les Liqueurs fines et superfines connues sur les anciennes et sur les nouvelles dénominations ils tiennent tous les Vins fins du midi et autres 1.re qual.^{té} tous, les Spiritueux en général tels que ³⁄₆ bon gout, Eau de vie, Cognac, Rhum, Kirschwasser, Absinthe et généralement tout ce qui concerne leur état.

─── PRIX COURANT ───

Liqueurs fines avec Etiquettes à figures coloriées

Délices du Sérail		Béranger
Nectar des Dames		Mercier
Eau de Jeanne d'Arc		Esprit de Manuel
Crème de Thé		Benjamin Constant
Nectar de Bachus		Esprit de Lafitte
Huile ou Crème de Rose		Huile des Libéraux
Crème et Huile de Vénus		Huile des Cortès
Schenich du Caporal		Crème de Garde nationale
Cordon d'observation		Aux braves morts
Banquet des Généraux		Eau de la Légion d'honneur
Banquet des Francs maçons		L'indépendante
Aux immortels		Curaçao de Hollande
Crème du Dieu donné		Crème de Fleur d'orange
Soldat laboureur		Consolation d'un banni
Général Bertrand		Elixir des braves
Favorite des Grecs		Retour d'un exilé
Egyptienne		La Française
Ambroisie		La Valeureuse
Champ d'azile		La Minerve
Bouquet militaire		Le Mot d'ordre
Nectar des Guerriers		Petit lait d'Henry quatre
Bon chrétien		La Gaieté française
Crème du jeune henry		Lait de vieillesse
Crème de Menthe		Les nouveaux vainqueurs franç

Le Litre à cachet F.   *La Bouteille ordinaire Fr.*   *Le Litre à cachet F.*   *La Bouteille ordinaire F.*

Ainsi que toutes les dénominations qui surviendront au gout des amateurs
Les mêmes Liqueurs superf. en litre grands flacons ronds ou carrés F.

1823

Ex-libris
d'après Robert Le Hoy, libraire, Rouen, 1552

N.-B. — Les nombres mentionnés en bas, à droite des clichés, correspondent aux pages de l'Edition de l'année 1900.

178   Il a été tiré 1.500 exemplaires sur papier bulle
200 exemplaires sur papier surglacé crème

IMPRIMERIE A. RICHARD - MONTEREAU 1955

www.ingramcontent.com/pod-product-compliance
Lightning Source LLC
Chambersburg PA
CBHW030756150426
42813CB00068B/3185/J